울화통은 터지지만 예쁜 걸 어떡해

울화통은 터지지만 예쁜 걸 어떡해

유철호

마음세상

시작하기 … 8

머리말 … 13

1. 외롭게 살고 싶으면 불평해도 돼!
   비난이나 비판, 불평하지 말라 … 18
   "해리, 사진 하나 똑바로 못 찍어?" … 20
   "건아, 선생님이 물었잖아. 잘 지냈냐고?" … 23

2. 진심으로 칭찬해 봐!
   솔직하고 진지하게 칭찬과 감사를 하자 … 30
   "와우~ 우리 딸 정말 멋진데 최고야!" … 33
   "그럼 당근이지. 우리가 최고로 호흡이 잘 맞는 팀이야." … 36

3. 진짜 하고 싶은 마음이 들게 해봐!
   다른 사람들의 열렬한 욕구를 불러일으켜라 … 42
   "그럼 공부를 왜 해야 해?" … 46
   "건아, 이번 게임에서 지는 사람이 음료수를 사주는 거야. 어때?" … 49

4. 사람들이 무엇을 좋아하는지 귀 기울여봐!
   다른 사람들에게 순수한 관심을 기울여라 … 54
   함께 부르는 노래 … 56
   "3D 포켓몬스터 게임이요." … 58

5. 웃자^^*
   미소를 지어라 … 63
   "아빠! 그냥 나 좀 내버려 둬!" … 65
   "건아, 집에서도 할머니나 엄마 앞에서 숟가락을 집어던져?" … 68

6. 이름을 자주 불러봐!
　　이름을 잘 기억하라 … 73
　　"이 세상에서 제일제일제일 최고최고최고 예쁜 해리." … 75
　　"건아, 그 게임은 어떻게 하는 거야?" … 77

7. 끝까지 잘 좀 들어줘!
　　경청하라. 자신에 대해 말하도록 다른 사람들을 고무시켜라 … 82
　　"몰라. 엄마, 미워!" … 85
　　"그럼 학원은 그만둔 거야?" … 88

8. 상대방이 좋아하는 것 쫌! 이야기해봐!
　　상대방의 관심사에 대해 이야기하라 … 94
　　"왜 스테프랑 싸웠어?" … 96
　　"책 제목만 봐서는 좀 엽기적인 것 같아." … 99

9. 진심으로 존중해 줘!
　　상대방으로 하여금 중요하다는 느낌이 들게 하라 … 104
　　"성부와 성자와 성령의 이름으로 아멘!" … 108
　　"저는 태권도를 어릴 때부터 해서 괜찮아요." … 110

맺음말 … 114

시작하기

"와~ 진짜 쓰레기통이네."

20년을 한결같이 해리의 방문을 열면 침대 밑에서 빨려 나오는 짝짝이 양말, 먹다 남은 과자 봉지, 쓰다 버린 휴지. 도대체 발 디딜 틈이 없이 빼곡히 숨은 쓰레기들 때문에 여기가 방인지 휴지통인지 한숨만 나왔어.

어떨 때는 한대 쥐어박고 싶은 마음이 굴뚝같은데 우리 집에서 태어난 첫 번째 아이라는 엄청난 운빨로 할머니의 울타리로 쏙 숨어버리면 정말로 울화통이 터져 진짜 화가 머리 끝까지 치밀기도 했지. 하지만 우쭈쭈하면서 애교를 부리고 달려와 뽀뽀하는 해리를 보면 너무너무 예쁘거든.

"도대체 이게 뭐지? 뭔가 사기를 당한 기분."

손 하나 까딱하지 않고 모든 것을 해결하는 해리가 꼴 보기 싫다가도 금방 예뻐지는 건 뭐지? 그냥 "아빠 물 갖다줘. 아, 휴지도." 하며 끊임없이 나를 시켜먹는 싸가지가 뭐가 좋다는 거지?

미워서 한참을 이야기를 안 하고 있으면 또 갑자기 나만 손해인 것 같은 기분은 뭐지? 아마도 나를 길들여 놓은 것은 아닌지? 가끔은 헷갈릴 때가 있어, 아니 자주 그러는 것 같아.

"하~ 진짜 짜증나ㅠ.ㅠ"

내가 처음 해리를 만났을 때 그 감동은 잊을 수가 없어. 가만히 내 손가락을 힘껏 잡아주던 조막손, 눈을 맞추며 품에 안겨서 새근새근 잠들던 모습이 모든 사소한 것들이 하나하나 나에게는 감동이었거든. 말대꾸를 시작하기 전까지는 말이야.

매번 화가 날 때마다 열을 내며 멋대로 했다면, 아마 지금의 해리가 없었을지도 몰라. 나를 닮아 한 성격을 하니 그걸 그냥 두고 보지는 않았을 거고. 둘이 싸워 얻는 건 결국 서로 상처를 주며 얼굴을 보고 싶지 않은 불편함뿐이었을 거야. 이렇게 살아온 게 18년. 더럽게도 길었지! 하지만 해결책이라는 걸 생각해 본 적이 없었어. 나 스스로 충분히 잘하고 있다고 생각했기 때문이지.

잘 돌아가는 기계를 왜 굳이 바꿔야 할까? 분명히 나 자신이 배운 적도 없는 부모와 자식의 관계를 너무 쉽게 생각했다는 것, 삐걱거리는 기계를 억지로 잘 돌아가는 것이라고 그저 모른척한 것은 아닌지 생각해보게 되었지.

어느 날 준비할 시간도 없이 아빠가 되었고 갑자기 진짜 어른이 되어버린 거야. 옛 어른들께서 말씀하셨잖아. '아이를 낳아보지 못하면 어른이 안 된다고.' 그리고 어른이 해야 할 것들은 이해, 포용, 관대함 등등 사실 너무 어려운 것들이고 나는 미처 이런 관계들을 능숙하게 해낼 준비가 안 되어 있었던 거야.

좋은 아빠가 되고 싶었고 좋은 어른이 되고 싶었어. 그리고 그 속에서 좋은 인간관계를 가질 수 있는 원천이 가족이라는 것도 잘 몰랐어. 해리가 태어나고 시간이 지나면서 많은 수업료를 지불하고 관계를 맺는 방법을 배우게 되었고 나 스스로 터득하기 위해 많은 시간과 노력을 들였지. 책을 찾아보고 나보다 선배들에게 직접 들어보고, 변화무쌍한 아이를 키우기 위해선 정말로 여러 가지 유형의 관계들이 필요했고 전문가가 되어야 한다는 사실을 많은 시간이 지난 후에 알게 되었지.

필요에 의해 시작하게 된 공부가 사실은 나에게 가장 중요한 꿈의 동기가 되었고 앞으로 내 인생에서 목표를 두고 성취해야 할 주제라는 것도 깨닫게 되었지. 내가 처음 시작했던 것은 특히 인간관계를 이야기한 책들과 성공한 사람들의 자서전을 읽는 것이었어. 그중에서도 존 맥스웰이 지은 '존 맥스웰의 태도'라는 책을 읽고 부모의 중요성과 좋은 인간관계의 원천이 가족이라는 너무나도 중요한 사실을 깨우치게 되었던 거지.

책의 내용 중에 존 맥스웰의 아버지가 맥스웰이 중고등학교 시절에 데일 카네기 코스에 참여해 교육을 받을 수 있도록 해줌으로써 좋은 리더로 거듭나는 계기가 되었다는 것을 보고 존 맥스웰 정말 좋은 아버지를 두었다는 것이 진짜 부러웠어. 그래서 해리에게 나 또한 존 맥스웰의 아버지와 같은 사람이 되어야겠다고 결심을 했지. 부모가 아이에게 좋은 동기가 되어주고 아이가 제일 처음 맺는 인간관계가 부모라는 것이 얼마나 중요한지 책을 통해 배우면서 맥스웰이 배웠던 데일 카네기 코스에 대해 많은 관심이 생겼어. 기회가 된다면 언젠가는 꼭 한번 데일 카네기 코스를 배우고 싶다는 열망도 생겼지.

카네기 코스를 배우면서 인간관계의 기본 원칙에 대해서 그저 막연히 알고 있던 사실들을 직접 실천해보고 수강생들을 직접 코치해보면서 문제의 실체가 무엇인지 좀더 구체적으로 확인하고 그 문제를 해결해 가는 과정을 통하여 청소년 문제는 청소년 본인이 아닌 부모의 문제라는 사실도 깨닫게 되었어.

자식은 부모의 거울이라고 말을 하지? 맞아! 문제 청소년의 거울은 문제 부모들이었어. 아무리 청소년들을 잘 교육해서 집으로 돌려보내면 뭐해. 문제 부모들이 빛의 속도로 청소년들을 다시 문제 청소년들로 되돌려 놓는대. 왜냐고?

"램프가 계속 타려면 기름을 계속 넣어 줘야 한다."
_테레사 수녀.

청소년들에게 알맞은 기름을 매일매일 넣어 줘야 하는데 한번만 기름을 넣고 그다음날부터 부모님들이 기름 넣는 것을 잊어버리는데 어떻게 아이들이 제대로 살아갈 수 있겠어?

"내가 삶을 다시 살고 싶다면 어느 시점으로 돌아가고 싶을까?"하고 나 자신에게 물어봤어. 생각해보니까 이 질문에 대한 해답은 아쉽게도 한두 개가 아니더라고. 하지만 "내가 다시 인생을 산다면 무엇을 제일 먼저 배우고 싶어?"에 대한 답은 자신 있게 한 가지를 말할 수 있어. 그것은 바로 "데일 카네기 인간관계"야.

왜냐하면 어린 시절, 학창시절, 군 생활, 직장 생활, 사회 생활을 하면서 제대로 된 인간관계를 배우지 못해서 좌충우돌하며 무수한 시행착오를 거쳤거든. 그래서 바보같이 너무나 많은 상처를 주고 받으면서 힘든 시기를 보내야만 했었어. 지금 생각해도 내 더러운 성격을 받아주고 같이 결혼해줘서 지금까지 함께 살아준 아내가 정말 고마워. ㅋㅋㅋ

잘 알다시피 내가 제일 많이 부족하다고 느낀 것이 인간관계거든. 이로 인해 본의 아니게 사랑하는 가족들, 친구들, 동료들 그리고 내가 아는 주위 사람들에게 바보같이 많은 상처를 주고 또 받았어. 그래서 몸도 마음도 지칠 대로 지쳐 있던 나에게 데일 카네기 코스는 오아시스와도 같은 것이었어.

돌이켜 보니까 카네기 인간관계 원칙을 이미 머리로는 알고 있었어. 단지 행동으로 실천을 안 했을 뿐이지. 그래서 내가 지금까지 배운 것을 사랑하는 딸과 멘티를 통하여 겪은 사례를 통해서 데일 카네기 선생님이 지은 데일 카네기 인간 관계론의 내용 중에 우호적인 사람이 되기 위한 9가지 기본원칙을 중심으로 내 친구들에게 이야기하고 싶은 것을 적었어.

데일 카네기 인간 관계론이 나와 같은 부모의 입장에서 쉽게 이해를 할 수 있도록 내가 직접 딸아이와 멘티와 겪은 이야기를 예로 들었어. 그리고 장마다 1단계부터 3단계까지 조금씩 어려워지는 상황을 설정하여 아이들에게 카네기 인간관계 9가지 원칙을 어떻게 적용할 것인가에 대해 한번 생각해볼 수 있도록 했어. 마지막으로 주제별로 내가 겪은 경험과 데일 카네기 과정을 통해 배운 팁들을 통해 실생활에서 인간관계 원칙을 손쉽게 적용할 수 있도록 예를 들어 친구에게 편하게 말하듯이 설명했어.

이 책을 읽는 모든 사람이 카네기 원칙을 좀 더 쉽게 실행하여 사랑하는 가족들과 함께 매직과 같은 변화를 경험하고 멋진 인생을 살아가기를 바라는 마음이야. 여기 나오는 실제 인물들의 이름은 모두 가명으로 했어. 끝으로 이 책이 나오기까지 옆에서 많은 용기와 도움을 준 아내와 해리에게 고마움과 사랑을 전하고 싶어♡♡

머리말

카네기 인간관계 원칙은 마법이야!

우리는 지금까지 많은 책과 경험을 통해서 배운 좋은 습관을 얼마나 실천해 봤어?

자식들과는 하루에 몇 분이나 이야기해?

아니, 자식들이 지금 무엇에 관심을 두고 있는지 알고 싶기는 해?

우리는 매일 쏟아져 나오는 자식과 대화를 잘하는 방법을 수많은 책을 통해 배웠어.

하지만 우리는 왜 이론으로 배운 것을 항상 중요한 순간에는 반대로 말을 한다거나 화를 참지 못하고 갑자기 소리를 지르는 바보 같은 행동을 할까? 정말 이상하지 않아?

내가 아는 정말 훌륭하신 목사님도 운전대만 잡으면 감정 컨트롤이 안돼서 당신도 모르게 "야! XX 운전 좀 똑바로 해!"하고 소리를 지르신다고 우스

갯소리로 말씀을 하셔. 이렇게 이론과 실제는 커다란 차이가 있어.

우리들도 모르게 무심코 내뱉은 상대방을 비난하는 말과 행동은 부지불식간에 나쁜 습관에 물들게 돼. 그럼 어떻게 나쁜 습관을 버리고 좀 더 쉽게 좋은 습관을 자신의 것으로 만들 수 있을까?

이제부터 데일 카네기에서 사용하는 자기개발 사이클이라는 공식을 통해서 자신이 원하는 스킬을 갖는 방법을 같이 한번 배워 볼거야.

자기개발 사이클은 태도·지식·연습·스킬 순서로 되어 있어.
좀더 쉽게 이해하기 위해 수영을 배우는 것을 예로 설명을 할게.

태도 자유형 100미터 수영 대회에 참가하기 위해 자유형을 배우는 것이 필요한가(Need), 자유형을 배우는 것을 원하는가(Want), 자유형을 배울 수 있는 자신감이 있는가(Can), 자유형을 배우겠다는 의지가 있는가(Will), 이렇게 4단계를 통해서 자유형을 배우겠다는 것을 스스로 묻고 답해서 마음가짐을 형성하는 과정이야.

지식 자유형을 배우기 위해 발차기, 호흡, 팔 돌리기 개념과 원칙에 대한 핵심 지식을 배우는 거야. 여기서 사람들이 지식의 덫에 빠지곤 해. 즉, 지식을 잘 알고 있으니까 자유형을 잘할 수 있다는 착각에 빠져서 연습하지 않는 경우가 많이 발생하거든. 그러니까 자유형에 대한 지식을 잘 갖추고 있다고 해서 자유형을 잘하는 것은 아니야.

예를 들어 심폐소생술(CPR)을 많은사람이 잘 알고 있지만, 응급상황을 마주하면 CPR을 제대로 할 수 있는 사람은 많지 않다는 것과 같은 이치지. 우리는 이것을 지식의 덫에 빠졌다고 표현을 해. 그래서 필요한 것이 바로 연습이야.

연습 그냥 무턱대고 연습만 한다면 잘못된 방식의 나쁜 습관이 남을 수 있어. 예를 들어 수영을 유튜브를 통해서 혼자 배우면 팔동작이 달라져서 자유형 팔꺽기습관이 잘못될 수 있어. 시간과 노력이 필요한 것과 같은 이치야. 따라서 전문가를 통한 정확한 방법으로, 올바른 코칭을 통해 연습해야지 이른 시간안에 올바른 습관을 지닐 수 있다는것을 꼭 기억하길바래. 그렇지 않고 혼자 잘못된 행동을 반복적으로 연습할 경우 자유형이 개헤엄으로 바뀔 수 있어. ㅋㅋㅋ

스킬 전문 수영 코치로부터 지속적인 피드백을 통해 자신의 위치를 수시로 점검하고 수영을 꼭 배우겠다는 책임감을 느끼고 수영 기술을 전문가 수준까지 마스터를 해야 해.

이것이 우리가 지금부터 배우게 될 데일카네기의 9가지 인간관계를 실제 생활에 적용해서 좋은 습관을 만드는 기본적인 방법이야.
원칙을 아무리 머릿속으로 암기를 하고 있어도 실제 생활에서 사용하지 않는다면 무용지물일 뿐이지. 따라서 가장 중요한 부분이 올바른 연습이라는 것을 가슴속에 새기고, 시간과 기회가 있을 때마다 올바른 코칭을 통해 카네기 인간관계 원칙을 실생활에 적용해서 완전히 자신의 것으로 만들어 인간관계에 달인이 되기를 진심으로 응원할게.

이책에서 최대의 효과를 얻는 9가지 제안

1. 인간관계의 원칙을 익히겠다는 진지하고 적극적인 욕구를 계발하라.

2. 다음장으로 넘어가기에 앞서 각 장을 두 번씩 읽어라.

3. 읽는 것을 자주 멈춰가면서 각 제안을 어떻게 적용시킬 것인지 계속해서 스스로 질문하라.

4. 중요한 부분에 밑줄을 그어라.

5. 매달 이책을 다시 읽어라.

6. 기회가 있을 때마다 이 원칙들을 적용하라.이 책을 일상의 문제를 해결하는 실용 지침서로 활용하라.

7. 당신이 이 원칙들을 어길 때마다 친구에게 벌금을 냄으로써 이를 활기찬 게임으로 승화시켜라.

8. 매주 당신이 이뤄 낸 진전을 확인하라.당신이 어떤 실수를 저질렀는지, 어떤 성과를 이뤘는지,그리고 미래를 위해 어떤 교훈을 깨달았는지 확인하라.

9. 이 책뒤에 있는 일지에 당신이 여기 있는 원칙을 언제,어떻게 적용했는지 기록하라.

1.
외롭게 살고 싶으면 불평해도 돼!

엘버트 허버드는 이렇게 말했다.
흠을 잡고, 반항하고 불평하는 나쁜 습관은
쓰면 쓸수록 더 날카로워진다.
처음에는 비교적 온건한 불평꾼이었던 사람들도
결국 만성적인 독설가가 된다.
이처럼 독설은 심각한 위험을 만들어낸다.
또한 점점 더 날카롭게 날이 선 칼은
결국 자신의 목을 위협하는 도구가 될 것이다.

비난이나 비판, 불평하지 말라!

비판이란 쓸데없는 짓이야. 왜? 잠자는 사자를 막대기로 찌르는 명청한 짓이거든. 잠자는 사자를 건드려서 좋을 게 뭐야? 죽고 싶다면 모를까? ㅋㅋ비난은 다른 사람들의 자존심에 상처를 입히고 원한을 불러일으키거든. 따라서 비판이 불러일으키는 원한은 가족, 친구들의 사기를 저하하고 두려움을 일으키는 부정적인 영향을 준다는 것을 기억해.

"우리는 칭찬을 갈망하는 것만큼이나 비난을 두려워합니다."
_한스 셀리

유명한 시험 비행사이자 여러 차례 공중 곡예 쇼를 한 밥 후버는 샌디에이고에서의 에어쇼를 끝내고 F-51 비행기로 로스앤젤레스의 집으로 돌아가고 있었어. 그때 3백피트 상공에서 갑자기 양쪽 엔진이 멈췄지만, 부상자 없이 기체를 착륙시킨 일이 있었어. 그는 비상 착륙을 한 뒤 비행기의 연료를 체크했더니, 예상했던 대로 휘발유가 아니라 제트 연료가 들어가 있었어.

비행장으로 돌아온 그는 비행기를 정비한 정비사를 만나자고 했고 그 젊은 정비사는 자신의 실수 때문에 몹시 고민하고 있었으며, 후버가 갔을 때 그의 얼굴은 눈물로 얼룩져 있었어. 그는 자신의 실수로 엄청나게 비싼 비행기와 하마터면 세 사람의 목숨을 잃게 할 뻔했어.

모두 정비사의 실수에 대해 후버가 심한 질책을 할 것이라고 예상했어. 그러나 그는 정비사에게 욕을 퍼붓지도 않고 책망조차 하지 않았어. 그 대신 그는 정비사의 어깨에 팔을 얹고 이렇게 말했어.

"자네가 다시는 이런 실수를 저지르지 않으리라고 나는 확신하고 있네. 그러니 F-51은 자네가 맡아서 매일 정비해 주게."

사람들을 비난하기보다 그들을 이해하려고 노력해봐. 그들이 왜 그런 행동을 했는지 구체적으로 파악해봐. 그렇게 하는 것이 훨씬 유익하고 흥미롭거든. 그렇게 되면 동정심과 인내와 온유함이 길러지거든.

"모든 것을 알게 되면 모든 것이 용서된다."

하느님께서도 사람이 죽을 때까지는 그를 심판하려 하지 않으신다고 하는데 우리는 왜 심판하려고 하는 거지?

첫 번째 원칙인 '비난이나 비판, 불평하지 마라'는 우리가 살아가면서 꼭 지켜야 할 기본이 되는 원칙이야. 왜냐하면 아무리 좋은 인간관계를 만들었어도 상대방을 비난하는 순간 모든 것이 물거품이 되기 때문이야. 서로간의 신뢰를 쌓아가기 위해서 하지 말아야 할 것 중에 정말 중요한 것은 비난을 멈추는 거야.

"해리, 사진하나 똑바로 못 찍어?"

"해리, 지금 어디야?"

"응, 지금 집에 있어."

"그럼 2층에 올라가서 위성 안테나 사진 좀 찍어서 핸드폰으로 보내줄래? 아빠가 셋톱박스를 사야 하는데 위성 안테나하고 어떤 모델이 맞는지 확인해야 해서."

"응. 알았어. 아빠."

"……."

"해리, 지금 보낸 사진은 모델명이 나오지 않아서 그러는데 다시 찍어줄래?"

"아빠, 난 잘 모르겠어. 어디를 찍어야 하는지."

"해리, 아빠가 설명하는 거 잘 들어. 아빠가 원하는 사진은 위성접시에 표시된 모델이 정확히 나오도록 찍은 사진이야. 그러니까 위성접시 전체가 보이도록 다시 찍어서 보내줘. 알았지?"

"응. 아빠, 다시 한번 찍어볼게."

"그래, 빨리 부탁해."

"……."

"해리, 아빠가 몇 번이나 이야기했어. 위성접시에 표시된 모델이 나오게 사진을 찍으라고. 뭐야. 사진 하나 똑바로 못 찍고?"

"아빠, 미안해. 내가 모델명이 표시된 곳을 찍으려고 해도 창문에서는 잘 안 보여. 정면으로 나오게 찍으려면 지붕 위로 올라가야할 것 같아. 지금 내가 지붕위로 올라가서 다시 사진을 찍을게."

"뭐라고? 해리, 안 돼! 절대로 지붕에 올라가면 안 돼! 알았지? 아빠가 지금 집에 가서 확인할게."

"응. 알았어. 아빠."

전자제품 판매장에서 우리 집 지붕 위에 설치된 위성 안테나에 연결하는 셋톱박스가 어떤 것이 적합한지 알아보기 위해서 해리에게 위성접시 사진을 찍어서 보내달라고 전화를 걸었어. 하지만 해리는 내가 말한 것을 잘 이해하지 못했는지 계속 엉뚱한 사진을 보내왔어. 그래서 난 마음이 급해서 다시 해리에게 전화를 걸어서 원하는 모델이 나오는 사진을 다시 보낼 것을 몇 번씩이나 요청했어.

하지만 해리가 계속 잘못 찍은 사진을 보내와서 나도 모르게 그것도 똑바로 못 찍냐고 해리에게 짜증을 내자 해리가 지붕 위로 올라가서 사진을 찍으려고 했어. 나는 이 말을 듣는 순간 '아! 바보같이 딸에게 위험한 일을 시키고 있었구나.' 하고 그제야 정신을 차렸어. 그리고 해리에게 절대 지붕에 올라

가지 말라고 신신당부를 하고 내가 집으로 돌아와서 직접 위성접시를 확인한 후에 셋톱박스를 구매하기 위해 다시 매장으로 가서 알맞은 모델을 구매했어.

해리의 눈높이에서 세상을 바라보고 그 눈높이에 맞춰서 이야기해야 하는데 내 생각만하고 내가 보는 것을 해리도 당연히 나와 같은 것을 보고 있다고 착각을 하고 있었던 거지. 참 바보 같지?

이를 통해서 딸을 비난하는 것은 정말 아무런 도움이 되지 않을 뿐만 아니라 딸을 위험하게 만들 수 있다는 것을 배웠어. 또한 내가 아니라 아이의 눈높이에서 생각하고 아이의 입장에서 생각해야 원하는 것을 얻을 수 있다는 것도 깨달았어.

"건아, 선생님이 물었잖아. 잘 지냈냐고?"

"건아, 잘 지냈어?"

"……."

"건아, 선생님이 물었잖아. 잘 지냈냐고?"

"……."

"건아, 선생님의 말이 잘 안 들려?"

"아뇨."

"그럼 왜 대답을 안 해?"

"했어요."

"그래? 선생님은 못 들었는데 그럼 좀 큰소리로 대답해주면 안 돼?"

"……."

"건아 선생님이 물었잖아?"

"……."

"선생님의 말이 안 들려?"

"아뇨."

"건아, 지금 선생님한테 장난하는 거야?"

"……."

"건아, 선생님하고 말하기 싫어?"

"……."

"정말 선생님하고 말하기 싫어?"

"아뇨."

"뭐라고? 잘 안 들려."

"선생님이 싫은 건 아니에요."

"그럼 왜 대답을 안 해?"

"……."

"그럼 입장을 바꿔서 건이가 세 번씩 물어야 선생님이 대답한다면 기분이 어떨 것 같아?"

"기분 나빠요."

"그런데 건이는 왜 선생님이 계속 같은 질문을 3번씩 해야 대답을 해?"

"잘못했어요."

건이와 멘토 멘티로 처음 만나서 서로 어색한 분위기에서 건이에게 편안하게 말하기가 쉽지않았어. 그래서 최대한 편하게 해주고 싶어서 재미있는 유머도 준비하고 이야기를 했지만 건이가 어른에게 버림받았다는 상처가 있어서 마음을 열기가 쉽지 않았어.

두 번째 만날 때까지는 대답을 안 해도 기다려주고 참았는데 몇 달이 지나도 계속 대답을 잘 안하자 짜증이 났어. 내 딴에는 혹시 건이가 '나를 화나게 만들어 어떻게 반응하는지 떠보려는 것은 아닌가' 하는 느낌이 들었어. 그래서 결국 세 번째 만남에서 10분 이상을 계속 세 번을 물어야 건이가 겨우 기어들어가는 소리로 "네." 대답해서 나도 모르게 짜증 섞인 말로 건이에게 불평을 했어.

그러자 건이는 더 주눅이 들어서 말을 못하고 내 눈치를 보기만 했어. 그런 건이의 모습을 보고 순간 '아차'하는 생각이 들었어. 왜냐하면, 건이 어머님으로부터 건이가 성인 남자에게 거부감을 가지고 있다는 이야기를 전해 들은 것이 기억이 났기 때문이었어. 건이가 남자 어른에게 버림받았다는 마음의 상처로 인하여 아직 새로운 남자 어른인 나에게도 마음을 열지 못한다는 것을 깨달았어.

그래서 다정한 말로 내가 건이와 같은 나이에 할머니와 지냈던 이야기를 해주며 건이와 할머니 관계를 물었어. 그러자 계속 "네, 아니요."만 이야기하고 개방형 질문에는 침묵으로 일관하던 건이가 할머니를 많이 좋아해서인지 조금씩 할머니를 어떻게 생각하는지 자신의 속마음을 이야기하기 시작했어.

처음에는 건이가 얼마나 새로운 남자 어른을 힘들어하는지 잘 알지 못했기 때문에 건이와 대화가 힘들었어. 하지만 건이의 불안한 눈망울을 보면서 건이 마음을 편안하게 해주지 못하고 대답을 잘하지 않는다고 불평과 불만을 이야기한 내가 많이 미안했어.

불평과 불만은 상대방에게 마음에 문을 꼭꼭 걸어 잠그고 밖으로 나오지 못하게 만든다는 것을 알 수 있었어. 그래서 그 이후로 건이가 가끔 짜증을

내면 '내가 이만큼 건이와 친해졌구나.' 하고 긍정적으로 생각을 하고 웃어넘기고 있어. ㅋㅋㅋ

생각 한번 해봐

1단계 방 청소하라고 부드럽게 말할 수 있어?

2단계 공부는 하지 않고 온종일 게임만 할 때 짜증 안 내고 이야기할 수 있어?

3단계 연락도 없이 밤늦게 친구들과 놀다가 새벽 1시가 넘어서 집에 돌아오면 화 안 내고 이야기할 수 있어?

이렇게 한번 해봐

하루 동안 생활하면서 그동안 무심하게 지나치며 했던 부정적인 말을 몇 번이나 하는지 세어보기로 했어. 그랬더니 의외로 의식을 하고 있었는데도 몸에 밴 습관처럼 무의식적으로 불평과 비난을 하고 있는 내 모습에 스스로 많이 놀랐어. 그래서 불평제로밴드를 가지고 1달 동안 부정적인 이야기를 하지 않기로 결심했어.

부정적인 말을 하면 오른쪽에서 왼쪽으로 밴드를 옮겨서 기간을 다시 시작하는 방식으로 한 달을 불평 없이 살아보기로 결심을 한 거야. 그렇게 시작한 결과는 참담했고 대화를 하는 동안 하루는커녕 1시간도 오른쪽 손에 밴드를 차고 있기가 힘들었어. 이렇게 밴드를 하루에도 수없이 왼쪽, 오른쪽으로 옮기며 단 하루를 버티기가 진짜 힘이 들었어. 하지만 하루, 이틀, 삼일이 되자 점차 불평하는 횟수가 줄어들고 긍정적인 말을 하고 있는 놀라운 자신을 발견할 수 있었어.

그리고 일주일이 지나자 불평의 횟수는 하루에 한번 정도로 줄어들었고 무의식적으로 내뱉은 부정적인 말들도 점차 줄어들어 10일이 지나자 드디어 한쪽 손목에 밴드를 하루 이상 유지할 수 있었어. 그래서 한 달이 경과될 쯤에는 제일 힘들었던 운전 중에 방향지시등을 켜지 않고 갑자기 끼어드는 칼 치기 운전자들에게 습관처럼 내뱉던 "야 XX야!" 하는 나쁜 습관을 버리고 대신 마음속으로 '얼마나 급하면 그렇겠어.'라는 말을 되새기며 "빨리 가세요."라고 바꿔서 말을 하기 시작했어.

이렇게 시작된 다짐은 3개월이 지나서 4개월이 넘어서야 한달 동안 부정적인 말을 하지 않게 되었고 그동안 아내와 딸도 같이 동참해서 6개월이 지나자 불평불만이 자연스럽게 사라지면서 불평제로밴드 프로젝트는 성공적으로 막을 내리게 되었어.

그 이후에 나에게 찾아온 변화는 놀랍도록 신선하고 스스로에게도 엄청난 변화를 가져왔어. 그동안 내가 얼마나 무의식적으로 많은 비난, 비판, 불평을 하고 살았는지 알 수 있었어. 이를 통해 아내와 딸과의 대화에도 의식적으로 부정적인 언어를 사용하는 것을 자제하고 긍정적으로 언어를 선택하여 사용하게 됨으로써 대화가 한결 부드럽고 상대방을 존중하며 즐겁게 이야기를 나눌 수 있게 되었거든. 특히 친구들과의 관계에 있어서도 놀랍게 변화된 나의 언행을 보면서 친한 친구가 정말 많이 변화되었다고 잘했다고 입이 마르도록 칭찬을 해주었어.

내가 놀라운 것은, 다른 사람들과의 대화에 있어서 전에는 부정적인 말들로 인하여 논쟁을 하는 경우가 많이 있었는데 이제는 논쟁이 아니라 긍정적인 언어를 사용하고 상대방에게 우호적으로 이야기를 함으로써 좀더 건전한 의견을 나누는 토론 형식의 대화를 이어갈 수 있었어.

험담은 결국 자신을 위태롭게할 뿐만 아니라 주위 사람들도 위태롭게 해.그래서 결국 모두들 떠나버리고 혼자 남게되겠지. 평생을 혼자 외롭게 살고 싶지 않다면 당장 비난을 멈춰봐.

그냥 불평을 멈춰봐.

그러면 내 주위 사람들에게 기분 좋은 변화가 일어날 거야^^*.

오늘 하루 불평없이 살 수 있어?

2.
진심으로 칭찬해 봐!

데일 카네기는 이렇게 말했다.
우리는 누구나 잘못을 저지르기 쉽다.
아홉 가지의 잘못을 찾아 꾸짖는 것보다는
단 한 가지의 잘한 일을 발견해 칭찬해 주는 것이
그 사람을 올바르게 인도하는 데 큰 힘이 될 수 있다.

솔직하고 진지하게 칭찬과 감사를 하자

"거울을 보고 내게 칭찬을 한번 해봐. 쉽지 않지? 먼저 나를 잘 칭찬할 수 있다면 주위 사람들에게도 칭찬을 시작할 수 있어."

"인간성에 있어서 가장 심오한 원칙은 다른 사람으로부터 인정받고자 하는 갈망이다."_윌리엄 제임스

미국 실업계에서 최초로 연봉 1백만 달러 이상을 받은 사람 가운데 한 사람이 찰스 슈왑이었어. 그 당시에는 소득세가 없었고 1주일에 50달러 받으면 높은 봉급으로 생각되던 때야. 슈왑은 불과 38세인 1921년에 철강왕 앤드루 카네기에 의해 채용되어 새로 설립된 '미국 강철회사'의 사장이 되었어. 그는 후에 미국 강철회사를 나와 당시 고전하던 '베들레헴 강철회사'를

인수하여 미국에서 가장 수익 높은 회사의 하나로 재건시켰어.

찰스 슈왑은 연봉 1백만 달러, 즉 하루에 3천 달러 이상의 급여를 무엇 때문에 받을 수 있었을까? 그는 주로 사람들을 움직이는 자신의 능력 때문에 그와 같은 많은 봉급을 받았다고 말했어.

앤드루 카네기는 그에게 어떻게 사람들을 다루느냐고 물었어. 여기에 그가 말한 비결이 있어.

"내게는 사람들로부터 열정을 불러일으키는 능력이 있는 것 같습니다. 그 능력은 내가 소유하고 있는 것 중 가장 중요한 재산입니다. 사람들에게 그들 최고의 가능성을 계발하게 하는 방법은 격려와 칭찬이고, 나의 능력은 격려와 칭찬을 잘하는 것이지요."

"상사로부터 꾸지람을 듣는 것만큼 인간의 향상심을 해치는 것은 없습니다. 나는 결코 누구도 비판하지 않습니다. 대신 사람들에게 일하도록 동기를 부여하고, 될 수 있으면 칭찬하려고 노력하고 결점을 들추어내는 것을 싫어합니다. 그 사람이 한 일이 마음에 들면 진심으로 찬사를 보내고 아낌없이 칭찬합니다."

이것이 바로 슈왑이 행한 일이야. 그러나 보통 사람들은 어떻게 할까? 정확하게 그 반대로 해. 어떤 일이 마음에 들지 않으면 부하들을 묵사발이 되도록 몰아세우지만 일이 마음에 들면 아무 반응도하지 않아. 옛말에 "잘못하면 할 때마다 반드시 꾸지람을 듣는데 몇 번의 좋은 일을 해도 칭찬을 들은 일이 없다."라는 말이 있어.

"사업 관계로 나는 세계 각국의 많은 훌륭한 사람들과 만났는데 아무리 훌륭하고 아무리 지위가 높은 사람일지라도 잔소리를 들으며 일하는 것보다 칭찬을 들으면서 일할 때 더 일을 잘할 수 있고 보다 많은 노력을 기울인다는 것을 발견했습니다"하고 슈왑은 말했어.

칭찬과 아첨의 차이는 무엇일까? 그것은 간단해. 한쪽은 진지하고 다른 한쪽은 무성의한 거야. 한쪽은 마음속으로부터 나오는 것이고 다른 한쪽은 이빨 사이에서 새어 나오는 것이지. 한쪽은 이기적이지 않고 다른 한쪽은 이기적이며, 한쪽은 환영받고 다른 한쪽은 누구에게나 비난을 받게 되어있어.

"진심으로 찬사를 보내고 아낌없이 칭찬하자."

그러면 사람들은 당신의 말을 마음속 깊이 소중히 간직하고 아끼며 평생을 두고 되풀이할 거야. 당신이 그것을 잊어버린 뒤에도 상대방은 그것을 두고두고 생각하게 될 거야.

우리 안에는 어마어마한 잠재력이 내재되어있어. 단지 그것을 알지 못할 뿐이지. 우리는 진심 어린 칭찬을 통해 다른 사람들에게 영감을 주어 그들의 잠재력을 이끌어낼 수 있는 좋은 사람이 되도록 노력해보는 거야!

"와우~ 우리 딸 정말 멋진데 최고야!"

"해리, 매일 학교에가면 질문 한가지씩 해보는 거 어때?"
"음······. 왜?"
"해리는 학교에서 선생님한테 궁금한 거 없어?"
"있어."
"그럼 어떻게 해야할까?"
"그냥 선생님한테 물어봐야지."
"거봐, 공부하다 모르는 게 있으면 그냥 선생님에게 물어보는 거야. 쉽지?"
"응. 알았어. 아빠."
"하루에 한 개이상 선생님에게 질문해보는 거야. 해리는 똑똑하니까 질문도 잘할거야^^*."
"응. 알았어. 아빠."

"……."

"해리, 오늘 선생님께 질문을 몇 개 했어?"

"응. 한 개."

"와우~ 너무 잘했는데. 거봐. 해리는 잘할 수 있다고 아빠가 말했잖아. 하하하."

"그럼 내일은 2개를 질문할 수 있겠다. 그치?"

"응. 아빠, 내일은 선생님께 질문 두 개해 볼게."

"그래, 해리는 한번 말한 것은 약속을 꼭 지키는 사람이라는 거 알아. 분명 해리는 내일도 잘 해낼 수 있을 거야. 그치?"

"응. 아빠, 걱정 마. 내가 내일 선생님께 꼭 질문 두 개 이상 할게."

"와우~ 우리 딸, 정말 멋진데 최고야!"

"ㅋㅋㅋ."

해리가 중학교에 입학하면서 새로운 환경이 낯설고 아직은 자신에 대한 자신감이 부족했기 때문에 선생님에게 질문하는 것이 어려웠어. 그래서 해리에게 용기와 자신감을 주기 위해 칭찬과 격려가 필요하다고 생각했어.

그래서 첫날에는 선생님에게 어떤 질문이든지 한 개 이상만 해보라고 미션을 주고 격려를 해주었어. 그리고 해리가 다니는 학교가 회사와 같은 방향이라 해리를 매일 아침 학교까지 차를 태워다 주면서 선생님에게 질문한 것을 물어보고 잘했다고 진심으로 기뻐해주고 칭찬을 해주었어.

그리고 다음 날은 2개 이상 질문을 해보라고 용기를 주기 위해 학교를 데려다주는 시간 내내 차 안에서 해리에게 칭찬을 마구마구 퍼부어댔어. 그러자 해리가 용기를 내서 드디어 선생님에게 2개 이상 질문을 하게 되었고 집에 오자마자 자랑을 하기 시작했어.

그래서 "우리 해리는 말한 것을 지키는 책임감이 강한 멋진 딸이야 잘했어 최고야!"하면서 성공한 것을 같이 기뻐하고 진심으로 축하를 해주었어. 그렇게 해리는 매일 선생님에게 질문을 하나씩 늘려가며 성취를 맛보고 나는 해리가 성공한 것을 말해줄 때마다 내가 성취한 것처럼 기뻐하며 진심으로 칭찬해주었어. 그러자 해리는 하루가 다르게 적극적인 학생으로 변화되기 시작했어.

처음에는 어색하고 불편해하던 선생님에게 질문하는 것에 대해 조금씩 자신감을 느끼기 시작하였고 1달이 채 지나기도 전에 해리가 가장 많이 질문하고 발표를 잘하는 학생으로 거듭나게 되었어. 그리고 선생님께서도 해리에게 발표를 잘한다고 진심으로 칭찬을 해주셨어.

해리는 선생님으로부터 칭찬과 인정을 받은 뒤로는 소극적인 아이에서 점점 자신감을 가지고 적극적으로 수업을 참여하는 활달한 학생으로 변모하게 되었어.

'칭찬은 고래도 춤추게 한다.'라는 말뜻을 해리를 통해서 깨달을 수 있었어^^*.

"그럼 당근이지. 우리가 최고로 호흡이 잘 맞는 팀이야."

"건아, 하나 할 때 오른발을 앞으로 나가는 거야. 알았지?"
"네."
"건아, 선생님하고 손잡고 같이 뛰어야 해. 자, 한번 연습해 보자."
"네."
"시작. 하나 둘, 하나 둘, 와우~ 건이는 태권도 유단자라 운동신경이 정말 좋아서 너무 잘하는데!"
"정말요?"
"그럼, 건이는 한번 마음먹으면 꼭 해내는 성격이잖아. 그러니까 힘든데도 포기하지 않고 꾸준히 노력해서 태권도 3단까지 땄잖아. ㅋㅋㅋ"
"헤헤, 뭘요."
"건아, 선생님이 건이에게 맞춰서 조금 빨리 뛸게, 건이 덕분에 우리 팀이 일등 하겠는데?"

"진짜요?"

"그럼 당근이지. 우리가 최고로 호흡이 잘 맞는 팀이야."

"선생님. 우리 꼭 일등해요."

"그래, 건아. 우리 차례야. 출발선으로 가자 파이팅!"

"파이팅!"

건이와 함께 멘토&멘티 운동회에 참석했어. 마지막에 이인삼각 달리기를 같이 출전하여 시합 전에 연습하며 같이 호흡을 맞춰봤어. 처음에는 어색해서 나하고 손 잡는 것도 잘하지 못했어. 하지만 점차 응원도 같이하고 신발 던지기 같은 재미있는 시합을 하면서 같이 많이 웃고 뛰면서 건이가 잘할 때마다 잘했다고 칭찬을 많이 해주었어.

그러자 운동회를 처음 시작할 때는 수줍고 내성적이라 옆에 있는 새로운 친구들과 잘 어울리지 못했지만 시간이 갈수록 건이는 옆에 있는 새로운 친구와 손 잡고 팀 응원을 같이하면서 조금씩 잘 어울리기 시작했어.

이인삼각 달리기를 연습하면서 자신감이 붙자 건이는 신이 나서 적극적으로 열심히 경기하였고 경기가 끝나갈 때쯤에는 언제 그랬냐는 듯이 어색한 느낌이 사라지고 좀더 친밀감을 느낄 수 있었어.

건이에게 칭찬을 해주자 건이가 조금씩 마음을 열고 긍정적으로 경기에 참여하기 시작했고 자신감을 가지고 자신의 소리를 높여서 응원하는 모습을 보였어. 건이가 그동안 자신감이 없고 내성적인 성격을 가지고 있었던 것은 건이의 장점을 찾아서 칭찬해 주지 못해서 그랬구나 하는 생각을 했어. 진심 어린 칭찬은 건이에게 긍정적인 태도를 유지하고 자신감을 느끼는데 많은 도움이 된다는 것을 깨달을 수 있었어.

생각 한번 해봐

1단계 평소에 하지 않았던 설거지를 했을 때 뭐라고 해?

2단계 중간고사에서 수학 1등급 맞으려고 열심히 노력했지만 3등급을 맞았을 때 뭐라고 해?

3단계 내일이 기말고사인데 "오늘 나 숙제 다했어. 이제 나가 놀아도 되지?"라고 하면 뭐라고 해?

이렇게 한번 해봐

데일 카네기에서 사용하는 칭찬을 하는 방법은 다음과 같아.

첫 번째, 개개인이 가지고 있는 소유물에 대하여 칭찬을 해봐. 예를 들어 넥타이, 스카프 등등.

두 번째, 개인이 성취한 것에 대해 칭찬을 해봐. 예를 들어 자격증이나 학위 등등.

세 번째, 개인이 가지고 있는 성품이나 특징을 찾아서 칭찬해 봐. 예를 들어 성실함, 책임감 등등.

네 번째, 개인이 가지고 있는 구체적인 증거나 관찰 가능한 행동 등을 예를 들어서 칭찬해 봐. 예를 들어 태권도 유단자 자격증을 직접 보여준다거나 매일 아침 일찍 출근하는 모습을 통해 성실한 행동을 하는 것을 구체적으로 칭찬해봐. 그리고 칭찬을 할때는 상대방에게 진실한 마음을 담아서 간결하고 구체적으로 15초 이내에 전달해야 해.

칭찬은 상대방의 닫힌 마음을 열고 긍정적인 태도를 유지하도록 만드는 힘이 있어. 그리고 칭찬은 우리 자신들의 장점을 더욱 강화해 주고 정말 좋은 칭찬은 그 사람의 본질을 일깨워 주지. 이를 통해 자신감을 느끼고 자신의 능력을 향상하려고 노력을 하게 하여 주는 경향이 있거든.

예를 들면 "철수야, 너는 정말 성실한 학생이야. 공부하느라 바쁜데 매주 수요일마다 지역아동센터 초등학생들에게 공부를 열심히 가르쳐주는 것을 보면 정말 너는 정말 성실한 학생이야."

하루에 한 가지씩 만나는 사람들에게 칭찬하기로 결심하고 도전해 보는 게 정말 중요해.

우선 버스기사님, 택시 기사님 그리고 이웃주민들과 엘리베이터에서 마주쳤을 때 시도해봐. 처음부터 칭찬하는 것이 부담된다면 쉽게 시작할 수 있는 방법으로 밝게 인사를 하는 것부터 시작하는 것이 좋아.

"안녕하세요."

"수고하셨습니다."

"오늘 날씨가 너무 좋네요."

"즐거운 하루 되세요."

이렇게 매일 만나는 사이라도 기분 좋은 말로 건네는 인사는 한마디는 칭찬과 같이 상대방을 기분 좋게 만들 수 있어.

기분 좋은 말로 인사를 건네는 것이 편안해지면 그다음으로 상대방의 외모나 표정 등에 나타나는 긍정적인 사인을 즉각적으로 칭찬을 해봐. 예를 들어 "민형아, 파란 모자 멋있다, 민형이는 키가커서 모자만 걸쳐도 멋진 모델 같아."라고 상대방에게서 쉽게 눈으로 발견할 수 있는 것을 간결하고 구체적으로 칭찬을 해.

눈으로 보이는 것에 대한 칭찬이 익숙해지면 그다음으로 상대방의 성품이나 특징 그리고 상대방이 자주하는 말이나 행동 중에서 칭찬할 만한 것을 찾아서 짧게 웃으면서 이야기를 해. 예를 들어서 "민형이는 밥 먹을 때 항상 옆에 있는 사람들에게 수저를 챙겨주는 것을 보면 정말 배려심이 많은 아이야."라고 상대방이 가지고 있는 '배려심이 많은 아이야.' 라는 품성에 중점을 두고 구체적으로 칭찬을 해야 해.

 단, 이때 진심을 담아서 입바른 소리가 아닌 마음에서 우러나오는 소리로 칭찬을 해야 해. 그렇게 해야 상대방이 칭찬을 받고 나서 진심으로 자신의 가치에 대해 생각해보고 정말 칭찬받은 것과 같은 좀 더 나은 사람이 되려고 노력을 하거든.

 이렇게 상대방의 내면에 잠들어 있는 진정한 가치를 깨닫게 하는 것이 진정한 칭찬이야.

 상대방을 변화시키고 싶다면 칭찬을 시작해봐 그러면 칭찬받은 당사자가 자신이 가지고 있는 좋은 품성을 더욱 발전시키려는 책임감을 느끼고 열심히 노력할 거야^^*.

진심으로 칭찬해본 게 언제야?

3.
진짜 하고 싶은 마음이 들게 해봐!

랄프 왈도 에머슨은 이렇게 말했다.
상대를 믿어라.
그러면 그들도 우리를 진실 되게 대할 것이다.
상대가 위대한 사람인 것처럼 대우하라.
그러면 그들 자신이 위대한 사람이라는 사실을 입증할 것이다.

다른 사람들의 열렬한 욕구를 불러일으켜라

"진짜 도움이 된다는 것을 깨닫게 해 줘, 그럼 목표를 이루기 위해 열정적으로 행동할 거야^^*."

해마다 여름이 되면 데일 카네기는 가끔 메인(Maine)주에 낚시하러 갔어. 카네기는 개인적으로 딸기와 아이스크림을 무척 좋아하지만, 물고기는 어떤 이유인지 지렁이를 더 좋아했어. 그러므로 낚시하러 갈 때는 자신이 좋아하는 것은 생각하지 않고 물고기가 좋아하는 것만을 생각했지. 그래서 물고기 앞에는 딸기와 아이스크림을 매달지 않고 지렁이나 메뚜기를 매달아 놓고 "자, 맛있게 먹어라."하고 말했어.

사람을 낚을 때에도 이와 똑같은 방법을 이용하지 않아?

우리는 왜 자신이 원하는 것에 관해서만 이야기해? 그것은 어린아이의 장난처럼 유치하고 우스꽝스러운 짓이야. 물론 인간은 자신이 원하는 것에 관심을 두고, 또 영원히 그것에 관심을 둘 거야. 하지만 다른 사람은 당신이 원하는 것에 관심이 없어. 세상사람 모두 자기가 원하는 것에만 관심을 두고 있기 때문이야. 따라서 다른 사람을 움직일 수 있는 유일한 방법은 그들이 원하는 것에 관해 이야기하고 그것을 어떻게 하면 얻을 수 있는지 보여주는 거야. 이것을 잊고서는 사람들의 마음을 움직일 수 없어.

강철왕 앤드류 카네기는 학교를 4년밖에 다니지 않았지만 어떻게 사람을 다루는지에 대해서만큼은 그 누구보다도 잘 알고 있었어.

카네기의 형수는 두 아들 때문에 항상 걱정하고 있었어. 그들은 예일대학에 재학 중이었는데 자신들의 일이 너무 바빠 집에 편지 쓰는 것을 게을리하고, 어머니가 아무리 몸이 달아 편지를 보내도 답장 한 번 하지 않았어.

그러자 카네기는 특별히 답장을 보내라는 요구를 하지 않고도 자신은 답장을 받을 수 있다고 하며 1백 달러 내기를 제의했어. 누군가 내기에 응하는 사람이 나서자 카네기는 조카에게 아무 내용 없는 잡담 비슷한 편지를 보냈어. 다만 추신으로 두 사람에게 각각 5달러씩 보낸다는 것만 썼지. 하지만 카네기는 일부러 돈을 보내지 않았어. 답장은 지체 없이 왔어.

"친애하는 숙부님께. 보내주신 편지 감사합니다……"

그다음 문장은 상상에 맡길게.

"성공의 유일한 비결은 다른 사람의 생각을 이해하고, 당신의 입장과 더불어 상대방의 입장에서 사물을 바라볼 줄 아는 능력이다."

이 말은 너무나 간단명료하기 때문에 누구나 이 말이 담고 있는 진실을 금방 알 수 있음에도 불구하고, 열 명 중 아홉 명이 열 번 중 아홉 번은 이 말을 무시해 버려.

다른 사람의 입장에 서서 그로 하여금 어떤 것에 욕구가 생기게 만드는 것이, 그 사람을 기만해서 그에게 해가 되고 내게는 이익이 되는 일이라고 이

해해서는 안돼. 양쪽 모두 협상을 통해 서로 이익을 얻을 수 있어야 해.

"우선 다른 사람의 마음에 열렬한 욕구를 불러일으켜라. 이것을 할 수 있는 사람은 전 세계를 얻을 수 있고, 그렇지 못한 사람은 외로운 길을 걷는다." - 오버스트리트

데일 카네기 강좌에 참가하고 있던 한 사람은 어린 아들 문제로 걱정하고 있었어. 이 아이는 보통 아이들보다 무척 마른 상태인데도 음식을 제대로 먹으려 하지 않았어. 그래서 아이의 부모는 다른 부모들이 흔히 쓰는 방법을 썼어. 즉, 아이를 야단치면서 "엄마는 네가 이것을 먹기를 바래." "아빠는 네가 커서 튼튼한 사람이 되기를 원한단다."하며 아이에게 잔소리해댔지.

그 소년이 부모의 말에 과연 귀를 기울였을까? 마침내 이 아빠는 자신의 어리석음을 깨달았어. 그래서 그는 스스로 '이 아이가 원하는 것은 무엇일까? 어떻게 하면 내가 원하는 것과 아이가 원하는 것을 하나로 만들 수 있을까? 하고 물었지.

아빠가 이렇게 생각하자 문제는 쉽게 풀렸어. 이 아이는 브루클린에 있는 자기 집 앞 도로에서 세발자전거 타기를 좋아했어. 하지만 같은 동네 몇 집 건너에 사는 개구쟁이가 이 아이를 밀어 넘어뜨리고는 자전거를 빼앗아 타곤 했어. 그럴 때마다 아들은 소리치며 엄마한테 울면서 달려갔고, 엄마는 달려 나와 그 말썽꾸러기 녀석에게서 자전거를 빼앗아 자기 아들을 앉혀 주곤 했지. 거의 매일 이런 일이 되풀이되었어.

이 아이가 원하는 것은 과연 무엇일까? 셜록 홈즈가 아니더라도 알 수 있을 만큼 간단한 거야. 아이의 자존심, 분노, 자기 중요감 등 이런 내적인 강렬

한 감정에 복수심을 일으켜 그 개구쟁이 녀석의 코를 멋지게 한 방 먹이고 싶은 욕구를 불러일으키면 되는 것이었어.

그래서 아빠는 만일 엄마가 바른대로 잘 먹기만 하면, 너보다 덩치가 큰 녀석을 언젠가는 해치울 수 있다고 말해 주었어. 그러자 아이는 식사 문제로 더 이상 말썽부리지 않게 되었어. 아이는 이제 자기에게 그토록 자주 모욕을 주던 그 덩치 큰 녀석을 이기기 위해 시금치, 양배추무침, 고등어조림 등 무엇이든 가지지 않고 잘 먹게 되었지.

"먼저 다른 사람의 마음에 열렬한 욕구를 불러일으켜라. 이것을 할 수 있는 사람은 전 세계를 자기편으로 만들 수 있고 그렇지 못한 사람은 외로운 길을 걷는다."

− 데일 카네기

"그럼 공부를 왜 해야 해?"

"해리. 왜 아빠가 열심히 일하는지 알아?"

"음, 엄마랑 나랑 맛있는거 사주려고. ㅋㅋㅋ"

"그렇지. 아빠는 사랑하는 꿀꿀이랑 엄마를 위해서 일하는 것은 당연한 의무라고 생각해. 그래서 일 년 동안 열심히 일한 보상으로 크리스마스 때 다 같이 가족 여행을 가는 거야. 그렇지?"

"응. 아빠, 그런데 왜?"

"해리야. 그럼 해리가 학생으로서 해야 할 것이 무엇이라고 생각해?"

"그야 당연히…… 공부지."

"그럼 공부를 왜 해야 해?"

"그야 내가 가고 싶은 대학교에 가고 싶어서지."

"그럼 해리가 공부를 열심히 하지 않으면 해리가 가고 싶어하는 대학교에 갈 수 있을까?"

"아니."

"그럼 어떻게 해야 할까?"

"열심히 공부해야 해."

"만약 지금처럼 공부를 열심히 하지 않으면?"

"잘 모르겠어."

"아빠는 열심히 공부하지 않은 학생은 휴가를 갈 자격이 없다고 생각해. 해리는 어떻게 생각해?"

"음……. 아빠 말이 맞아."

"그럼 이번에 해리가 열심히 공부하지 않으면 크리스마스 휴가는 엄마와 아빠랑 둘이서만 간다. 괜찮지?"

"음……. 알았어. 아빠, 내가 잘못했어. 지금부터 공부 열심히 할게. 그래서 크리스마스 휴가 때 꼭 엄마 아빠랑 같이 가고 싶어."

"그래, 아빠도 해리하고 휴가를 꼭 같이 가고 싶어서 그러는 거야. 알지?"

"응. 아빠."

"사랑해! 우리 예쁜 딸."

"응. 나도 사랑해. 아빠."

해리가 고등학교 1학년 때 중간고사를 망쳐서 엄마와 심각하게 시험 성적에 대하여 이야기를 하고 있었어. 이번 고등학교의 시험 성적은 대학입학을 위해서 해리가 꼭 받아야 하는 아주 중요한 시험이었는데 해리는 그다지 시험공부를 열심히 하지 않았거든. 그래서 공부를 싫어하는 해리에게 공부를 하고 싶은 욕구가 생기게 해주기로 결심했어.

공부로 인해 일년에 한 번 가족 여행을 같이 못 가게 되는 불상사가 생기지 않도록 하기 위해서였지. 이후로 두 번 다시 공부에 대하여 해리와 심각하게 이야기를 한 적은 한번도 없었으며 학교생활 내내 시험공부에 관하여 이야기를 할 필요도 없이 자신이 알아서 정말 열심히 공부했어.

 왜냐하면 해리가 정말로 원하는 것은 바로 가족들과 즐겁고 행복한 크리스마스 여행을 매년 같이 가는 것이었어. 그래서 그 이후 크리스마스 휴가 때마다 항상 해리와 여행을 같이 가서 즐거운 추억을 많이 만들 수가 있었어. 그리고 해리에게 크리스마스 휴가를 가족들과 같이 가는 것은 자신에게도 즐거운 것이었지만 또 다른 이유도 있었어. 크리스마스 휴가를 가기 전 최소 3개월전에 미리 비행기 티켓 예약해놓기 때문에 자신이 공부를 열심히 하지 않아서 휴가를 못 가게 될 경우에 티켓 취소로 인해 생기는 모든 비용을 자신이 용돈을 벌어서 페널티로 지불해야 했기 때문이기도 했지. 자신이 열심히 공부하지 않음으로 지불해야 할 대가가 만만치 않았던 것이지. 하지만 나는 해리가 전자에 더 비중을 두었기에 공부를 열심히? 했다고 믿고 싶어. ㅋㅋㅋ

"건아, 이번 게임에서 지는 사람이 음료수를 사주는 거야. 어때?"

"건아, 지난번에 배드민턴 연습했던 거 재미있었어?"
"아뇨."
"그럼 이번 농구는 선생님하고 시합해볼래?"
"네."
"게임에서 지는 사람이 이긴 사람의 소원 들어주기. 어때?"
"음……. 좋아요."
"그럼, 전반 후반 합쳐서 총 20점을 먼저 넣는 사람이 이기는 거야. 어때?"
"좋아요."
"그럼, 가위 바위 보로 누가 먼저 할지 정할까?"
"네."
"가위 바위 보."

"건이가 이겼네. 건이가 먼저 공격해."

"네, 그럼 시작할게요."

"이 게임은 선생님이 이길 거야. 건아, 파이팅!"

"아뇨. 제가 꼭 이길 거예요. 파이팅!"

나는 건이가 초등학교 6학년 때부터 멘토와 멘티 관계로 만나서 가끔 농구 게임을 했어. 하지만 건이는 중학교에 올라오면서 온라인 게임을 너무 좋아해서 친구들과 게임방을 자주 갔지만 운동하는 것은 그다지 좋아하는 편이 아니었어.

그래서 어떻게든 허약한 건이를 튼튼하게 만들기 위해 처음에 같이 축구를 하려고 했지만 별로 좋아하지 않는다고 하여서 그럼 야구를 하자고 했지만, 그것도 싫다고 하여 결국 서로 합의를 본 것이 배드민턴이었지. 하지만 이것도 한번 실내 체육관에 가서 게임을 한번 하고는 시시하다는 표정으로 재미없다고 그만두었어.

나는 어떻게든 건이와 같이 운동하면서 체력도 기르고 친해지고 싶어서 배드민턴 라켓, 신발 그리고 가방까지 새로 구매를 해서 열심히 운동하려고 했지만 결국 건이가 싫다는 한마디에 모든 것을 포기해야만했지.

그래서 건이가 그나마 좋아하는 운동종목으로 겨우 합의를 본 것이 농구였어. 하지만 농구도 그렇게 흥미를 느끼지 않아서 좀더 건이를 적극적으로 게임에 끌어들이기 위해 당근을 사용했어.

농구 연습을 할 때는 슛도 대충 쏘며 건성건성 하다가 시합을 한다고 하니까 집중을 해서 게임에서 이기려고 열심히 게임을 하는 것을 보고, 좀 더 적극적으로 농구를 배우도록 하기 위해 이긴 사람 소원들어주기를 제안했어.

결국 게임은 1점 차이로 내가 이겼고 내 소원은 건이와 같이 목욕탕 가기로 정했어. 그리고 지금까지 농구 게임을 몇번 승리한 덕분에 음료수 몇 개가 저축되어있어.

이후로도 게임을 할 때마다 건이가 꼭 해야 하는데 하기 싫은 것들을 게임에서 이기면 하기로 내기를 했어. 예를 들어 "건아, 이번에 게임에서 이기면 선생님하고 전에 약속한 등산 같이 가는 거야." 그러자 "알았어요. 이번에는 제가 꼭 이길 거예요." 하면서 건이가 싫어하는 등산을 가지 않기 위해 건이 가열렬한 승부욕을 불태우는 모습이 귀여웠어.

지금까지 게임을 통해 저축된 것은 '등산 같이 가기, 목욕탕 같이 가기, 음료수 3개'야. 이제 키가 나와 비슷해져서 조만간 건이에게 게임을 질 것 같아서 그전에 많이 저축해놔야 할 것 같아. ㅋㅋㅋ

생각 한번 해봐

1단계 10분이상 대화할 수 있어?
2단계 토마토를 좋아하지 않는데 건강을 위해 매일 아침 토마토를 먹게 할 수 있어?
3단계 공부를 싫어하는데 스스로 공부하게 할 수 있겠어?

이렇게 한번 해봐

다른 사람들에게서 열렬한 욕구를 불러일으키려면, 내가 원하는 것이 상대방에게 확실하게 도움이 된다는 것을 알 수 있게 해줘야 해. 그러면 상대방은 내가 원하는 대로 따르면 자신에게 많은 도움이 된다는 것을 깨닫는 순간, 내가 하려고 하는 목표에 적극적으로 동참을 하려고 할 거야. 위에서 언급한 딸에게 적용한 예로 들어 설명할게.

  첫 번째 상대방이 무엇을 간절히 원하는지 잘 경청을 해봐.

  예:엄마,아빠와 크리스마스 여행.

  두 번째 내가 제시하는 것이 상대방에게 어떤 도움이 되는지 생각해봐.

  예:해리가 원하는 대학교 입학 및 크리스마스 휴가.

  세 번째 상대방이 스스로 해결책을 발견할 수 있도록 질문을 해봐.

  예:열심히 공부해야 해리가 원하는 것을 얻음.

  마지막으로 상대방이 원하는 목표를 성취하도록 내가 진심으로 지지하고 응원하고 있다는 사인을 명확하게 해줘야 해.

  예: 아빠도 해리하고 크리스마스 휴가를 가서 즐겁게 같이 보내고 싶다는 것과 해리가 공부를 잘 해낼 수 있다는 것을 믿고 지지한다고 이야기해줘.

  상대방에게 '열렬한 욕구를 불러일으키기 위해 제안한 것이' 서로에게 정말 도움이 된다는 것을 확신시켜 줘. 그러면 상대방은 목표를 이루기 위해 적극적으로 노력한다는 것을 기억해.

왜 휴대폰만 들여다보고 있을까?

4.
사람들이 무엇을 좋아하는지 귀 기울여봐!

데일 카네기는 이렇게 말했다.
당신이 대화를 나누는 사람은 당신이나 당신의 문제보다는 그들 자신과 자신의 요구,
자신의 문제에 백배나 많은 관심을 갖고 있다는 사실을 명심하라.
누군가의 치통은 백만 명의 목숨을 앗아간 빈곤 국의 굶주림보다
당사자에게 더 큰 의미를 지닌다.
그 사람의 목에 난 종기 하나는 아프리카에서 발생한 40여 차례의 지진보다
큰 관심의 대상이다.
누군가와 대화를 나눌 때 항상 이 점을 명심하라.

다른 사람들에게 순수한 관심을 기울여라

"사람들이 무엇을 좋아하는지 알아? 모르면 물어봐!"

개라는 동물이 생존을 위해 일하지 않는 유일한 동물이라는 사실을 생각해 본적이 있어? 닭은 알을 낳아야 하고, 젖소는 우유를 공급해야 하고, 카나리아는 노래를 불러야 해. 그러나 개는 오직 당신에게 사랑을 바쳐 헌신함으로써 살아가고 있어.

다른 사람이 내게 관심을 갖게 하는 것보다 내가 다른 사람에게 관심을 두면 더 많은 친구를 사귈 수 있어. 그러나 평생을 다른 사람이 자신에게 관심을 갖게 하기 위해 노력하면서 사는 사람들이 훨씬 더 많아.

"다른 사람들에게 관심이 없는 사람은 인생을 사는데 굉장히 어려움을 겪게 되고, 다른 사람에게도 해를 끼치게 된다. 인간의 모든 실패는 바로 이런 유형의 인물에서 비롯된다." - 알프레드 아들러제1차 세계대전이 거의 끝나갈 무렵, 황제는 전 세계적으로 가장 경멸받는 인물이 되었어. 심지어 황제가 목숨을 부지하기 위해 네덜란드로 도망갔을 때도 대중들은 그를 배척했어. 황제에 대한 증오심이 너무나 커 많은 사람이 그를 갈기갈기 찢어서 화형에 처하고 싶어 했지. 이런 격렬한 분노 속에서 한 어린아이가 황제에게 찬미와 존경심이 가득 담긴 편지를 보냈어. 소년은 그를 황제로서 사랑하고 존경하고 있다고 썼고 황제는 이 편지에 크게 감동하여 그 소년을 자기 집으로 초청했어. 소년과 그의 어머니가 함께 갔는데 그 후 황제는 이 소년의 어머니와 결혼했어. 이 소년은 친구를 사귀고 사람을 설득하는 법에 관한 책을 읽을 필요가 없었어. 본능적으로 알고 있었기 때문이지.

친구를 사귀고 싶으면 자기 자신을 버리고 다른 사람을 위해 무언가를 해줘야 해. 이런 일에는 시간, 노력, 희생 그리고 사려 깊은 마음이 필요해.

"우리는 우리에게 관심을 갖는 사람에게 관심을 갖는다."
_푸블리우스 시러

인간관계의 다른 여러 가지 원칙처럼 관심의 표현도 진지해야 해. 관심을 가진 사람에게뿐만 아니라 관심을 끄는 사람들에게도 도움이 되어야 해. 즉, 양측 모두에게 이익이 되어야 해.

다른 사람이 당신을 좋아하기를 바란다면, 또한 진실한 우정으로 그 사람을 도와주고 싶다면 마음속에서 다음의 원칙을 꼭 기억해 둬.

"다른 사람들에게 순수한 관심을 기울여라."

함께 부르는 노래

해리가 고등학교에 들어가고 나서는 친구들과 어울려 다니느라 매일 같이 저녁을 먹는 횟수가 점차 줄기 시작했어. 항상 학교 친구들과 생일파티, 캠핑 그리고 숙제를 한다는 핑계로 자주 밖에 나가서 집에서 얼굴 보기가 한동안 힘들었어.

그날도 집에 돌아와서 많이 피곤해서 막 샤워를 하고 있는데 음악 소리가 들리기 시작했어.

처음 들어보는 노래인데 리듬과 가사가 귀에 쏙쏙 들어왔어. 그래서 샤워를 마치고 노래를 따라서 가보니까 해리가 음악을 틀고 열심히 노래를 따라 부르고 있었어.

그래서 뒤에서 같이 노래를 어설프게 따라 부르고 춤도 따라 하면서 해리에게 어떤 그룹인지 묻자. 신이 나서 나에게 설명을 하기 시작했어. 그리고 자신이 좋아하는 아이돌 그룹과 노래에 관심을 두고 물어보자 시간이 지나면서 점차 학교에서 선생님과 친구들과 있었던 해프닝까지 장장 1시간이 넘게 수다를 떨었어.

해리가 좋아하는 가수와 노래를 내가 같이 좋아하자 그동안 서먹서먹했던 관계가 예전과 같이 친밀하게 되어 전과 같이 배드민턴이나 테니스를 같이 하면서 가족과 같이 보내는 시간이 많아지게 되었어. 그 이후로도 Ed Shreen, Christina Aguilera 등 여러 가수의 노래를 같이 공유하면서 해리와 친구가 되어 같이 노래하면서 남자 친구에 관해서도 비밀 이야기를 나누는 친밀한 관계를 유지할 수 있었어.

상대방이 좋아하는 것을 이해하려면 먼저 진심으로 상대방의 입장에서 이해하려고 노력해봐. 그러면 정말로 상대방에게 묻지 않아도 미친 듯이 자신이 좋아하는 것에 대해 1시간이고 10시간이고, 즐거워 죽겠다는 표정으로 설명을 해줄 거야. 그것으로 충분해.

"3D 포켓몬스터 게임이요."

"건아, 넌 뭘 제일 좋아해?"
"음……. 게임이요."
"그래? 어떤 게임을 제일 좋아해?"
"3DS 포켓몬스터 게임이요."
"그게 뭐 하는 게임이야?"
"포켓몬스터 썬문이라고, 여행하면서 도전하는 게임이에요."
"포켓몬 게임을 건이와 같이 하려면 닌텐도 스위치를 사야겠다."
"그럴 필요 없어요. 구글앱에서 포켓몬 게임 다운받아서 휴대폰에서도 할 수 있는것도 많아요."
"와우~ 건이는 정말 게임 전문가구나."
"아뇨. 그냥 제가 좋아하는 게임이라서^^*."

"그럼 건이는 나중에 프로 게이머가 되고 싶어?"

"아뇨. 게임을 만드는 걸 하고 싶어요."

"그래? 그럼 게임 디렉터가 되고 싶은 거야?"

"네."

"와우~ 건이 정말 멋진 꿈을 가지고 있구나!"

"헤헤, 뭘요."

"건이는 한번 마음먹으면 열심히 하니까 꼭 게임 디렉터가 될 거야."

건이는 성격이 내성적이고 말을 잘하지 않아서 처음에 대화하는 것이 쉽지 않았어. 건이가 관심이 있는 것이 무엇인지 알아보기 위해 무엇을 가장 좋아하느냐고 묻자 갑자기 눈이 반짝하면서 "3D 포켓몬스터 게임이요." 하고 대답을 했어.

이렇게 길게 대답을 한 것이 놀랍고 너무나 기뻐서 그 이후로 닌텐도 스위치 포켓몬스터 레츠고 피카츄에 대하여 온라인에서 시간을 내어 공부한 후에 게임을 하는 방식을 물어보고 어떻게 하면 잘할 수 있는지 물어보았어. 그랬더니 건이가 전과는 다른 모습으로 열정적으로 게임 캐릭터에 대하여 신이 나서 설명을 해주었어. 나중에는 휴대폰에 설치하는 방법도 물어보자 건이가 직접 하나하나 예를 들어서 잘 설명해 주었어. 대답도 잘하지 않고 말도 하려고 하지 않던 건이에게 정말 놀라운 변화가 일어났어.

건이를 처음 만났을 때 건이는 남자 어른에게 마음의 상처를 받아서 눈을 보거나 이야기를 하는 것을 힘들어했어. 그런데 건이가 좋아하는 게임 캐릭터를 같이 좋아하자 건이의 태도가 180도 달라져서 전과는 비교가 될 수 없을 만큼 말을 많이 하게 되었어.

이것을 계기로 건이가 마음의 문을 조금씩 열고 세상과 대화를 하려는 호기심 많은 순수한 모습을 보여주어서 너무 기쁘고 행복한 시간을 같이 보낼 수 있었어.

이 세상에서 자신이 좋아하는 것을 같이 좋아하는 것만큼 상대방의 마음을 열게 만드는 것이 없다는 것을 건이가 변화되는 모습을 보면서 새삼 깨달을 수 있었어.

이렇게 한번 해봐

우리는 친구들과 연락을 할 때 어떻게 해? 내가 필요한 것이 있을때만 연락해? 아마 심심할 때 혹은 기쁘거나 슬픈 일이 있을 때나 보고 싶을 때 주로 연락을 할거야. 그럼 주위 사람들에게도 자주 연락해? 친구들과 같이 자주 연락은 못하지만 가끔 연락하면서 지낸다면 언제 전화를 한다고 해도 상대방은 기쁘게 받아줄 거야.

첫 번째 제일 중요한 것은 상대방과 연락하는 것을 주기적으로 해야 해. 즉, 자신이 원하는 것이 생겼을 경우 상대방에게 갑자기 연락한다면 상대방은 나의 연락을 순수한 의도로 받아들이지 않을 수 있어.

예를 들어서 연락을 한동안 하지 않다가 필요에 의해 회사에서 새로 나온 상품을 홍보하려고 전화를 한다면 상대방은 나에게 색안경을 끼고 거리를 둘 거야. 그래서 항상 주기적으로 연락을 해서 서로의 안부를 묻거나 만남을 유지한다면 언제 전화를 한다고 해도 의도가 있다고 오해하지 않고 본인에게 순수한 관심을 기울여 준다고 생각할거야.

두 번째 내가 좋아하는 것이 아니라 상대방이 좋아하는 것을 이야기해야 해. 그래서 나는 상대방이 관심을 두고 좋아하는 것을 제대로 알기 위해 시간을 내어서 관련된 책을 읽고 인터넷 서핑을 통해 자료를 검색했어. 예를 들어 축구를 좋아한다면 '국내외 축구선수 중에 누구를 좋아하는지?' '어떻게 그 선수를 좋아하게 되었는지?' '축구경기를 보러 경기장에 자주 가는지?' 등에 관하여 질문을 하며 상대방이 관심을 두고 있는 것에 대해 좀 더 깊이있는 이야기를 나눌 수 있어.

세 번째 사소한 일상의 이야기부터 시작해봐. 교훈적이고 딱딱한 이야기는 다른 사람들에게서 충분히 듣고 있어. 자동차도 시동을 켜기전에 예열하잖아, 대화를 할 때도 마찬가지야. 아주 시시콜콜한 이야기라도 좋아. 그때 상황에 따라 점심 먹었는지, 비가와서 기분이 꿀꿀하다든지, 그냥 기분에 따라 자연스럽게 일상적인 사소한 이야기부터 시작해봐. 그럼 시간이 지날수록 예열이 되면, 좀더 친밀한 느낌이 들면서 자기 마음속에 있는 진짜 이야기를 시작할 수 있을 거야.

내가 매번 아내와 해리에게 혼나는 게 수다를 잘 들어주지 못하는 거야. ㅋㅋㅋ

마지막으로 상대방이 좋아하는 것을 진심으로 존중해줘. 특히 한분야에 전문적인 지식과 경험에 관해 솔직하게 칭찬을 해봐. 그러면 상대방으로부터 공감대를 끌어낼 수 있어.

생각 한번 해봐

1단계 평소에 카톡 몇 번해?
2단계 이성 친구가 있는지 알아?
3단계 혼자 방에서 울고 있는 이유를 알아?

5.
웃자ㅆ

맥코넬 교수는 이렇게 말했다.

미시간 대학 맥코넬 교수는 아래와 같은 연구 결과를 발표하면서 '
인생에서 성공하고 싶으면 더 많이 웃어라' 라고 주장합니다.

1. 웃는 얼굴은 무한한 보석이며, 찡그린 얼굴은 정신적인 오염물질이다.

2. 평판이 좋고 남들로부터 사랑 받는 사람은 멋진 미소의 소유자이다.

3. 찡그린 얼굴의 무례한 의사는 싱글벙글 웃는 상냥한 의사보다
두 배 더 많은 의료사고 소송에 휘말리게 된다.

4. 자식이 탈선으로 힘들어하는 부모의 80%는 습관적으로 웃지 않는 부모들이다.

게다가 미소는 다른 사람에게 아무리 주어도 좋을지 않으며, 받는 쪽도 즐거워하는 보물이다.'

미소를 지어라

"거울 앞에서 웃어봐! 마법이 시작될 거야^^*."

찰스 슈왑은 나에게 자신의 미소는 백만 달러짜리라고 말했어. 아마 그는 그 사실을 알고 있었던 것 같아. 사실 그의 인격과 매력 그리고 사람들이 그를 좋아하게 만드는 능력이 그로 하여금 남들이 이루지 못한 큰 성공을 하도록 만들었어.

슈왑의 특성 중 가장 훌륭한 것은 사람을 사로잡는 바로 그 미소였어. 말보다는 행동이 더 설득력이 있듯이 미소는 "나는 당신을 좋아해요 당신은 나를 행복하게 만들어 줍니다. 뵙게 되어 반갑습니다." 하고 말하는 것과 같아.

강아지가 사람들에게 사랑받는 이유도 바로 그 때문이야. 강아지는 우리를 보면 무척 반가워하면서 껑충껑충 뛰어. 그래서 자연히 우리도 개를 보면 반가운 마음이 들게 되지. 아기가 짓는 미소에도 이와 똑같은 효과가 있어.

위선적인 미소를 지어서는 안 돼. 그런 미소에 속을 사람은 없어. 그것이

형식적인 미소라는 것을 알기 때문에 우리는 그 미소를 받아들이지 않아. 나는 진실한 미소와 마음을 녹여 주는 미소 그리고 진심에서 우러나오는 미소, 다시 말해 매우 값진 미소에 관해 이야기하고 있는 거야.

　미소 짓고 싶지? 미소를 지으려면 어떻게 해야 하는지 두 가지 방법이 있어. 우선 억지로라도 미소를 지어 봐. 혼자 있을 때 일부러 휘파람이나 콧노래를 부르도록 노력해야 해. 네가 이미 행복한 것처럼 행동하면 정말 행복해질 거야.

"행동이 감정에 따르는 것 같지만 실제로 행동과 감정은 병행한다. 따라서 우리 의지의 직접적인 통제하에 있는 행동을 조정함으로써 우리는 의지의 직접적인 통제하에 있지 않은 감정을 간접적으로 조정할 수 있다. 유쾌한 상태가 아니더라도 기분을 유쾌하게 만드는 최상의 방법은 유쾌한 마음을 갖고 이미 유쾌해진 것처럼 행동하고 말하는 것이다."
　_윌리엄 제임스

"웃지 않는 사람은 장사해서는 안 된다."
　_중국 금언

　미소는 호의를 전달하는 심부름꾼이야. 또 이를 쳐다보는 이들의 인생을 빛나게 해줘. 미소는 인상을 찌푸리며 외면하는 얼굴을 보아온 사람들에게, 마치 구름 속을 뚫고 나오는 햇빛과도 같은 거야.

"아빠! 그냥 나 좀 내버려 둬!"

"해리, 오늘 학교에서 무슨 일이 있었어?"
"아빠, 미안한데 나 지금 이야기하고 싶지 않아."
"우리 꿀꿀이 왜 이렇게 화가 났지? 우리 꿀꿀이가 좋아하는 치즈버거를 먹으러 갈까?"
"아냐. 아빠, 그냥 혼자 있고 싶어."
"왜 이렇게 화가 났어?"
"아빠, 그냥 나 좀 내버려둬!"
"우리 Every day happy girl이 무슨 일이야? 아빠한테 알려주면 안 돼?"
"음……. 실은 오늘 'Star of the week'에서 내가 될 줄 알았는데 엘리가 돼서 속상해서 그래."
"뭐야? 그까짓 것 가지고, 다음주에 열심히 해서 상 받으면 되지?"
"정말 일주일 동안 열심히 해서 상 받을 줄 알았는데……."

"아빠는 해리가 매일 책도 열심히 읽고 친구들도 잘 도와주니까 다음 주에는 선생님이 해리에게 꼭 상을 줄 거야. 걱정 마."

"진짜?"

"당근이지 오이지. ㅋㅋㅋ"

"아빠는 Every day happy girl이 웃을 때가 제일 예쁜데^^*."

"ㅋㅋㅋ 아빠, 이제 괜찮아. 아빠가 그렇게 이야기해줘서 기분이 좋아졌어."

"역시 우리Every day happy girl이 최고야. ㅋㅋㅋ"

"아빠 우리 치즈버거 먹으러 가자. ㅋㅋㅋ"

"오키도키."

퇴근해서 집에 돌아왔는데 해리가 울고 있어서 많이 걱정되고 해리를 위로해 주고 싶어서 말을 걸었어. 그런데 해리가 거실에서 괜찮다고 나에게 통명스럽게 말을 하고 뒤돌아서서 순간 갑자기 화가 났어. 하지만 화를 참고 부드러운 목소리로 미소를 지으며 무슨 일이 있는지 물자. 날카로운 말이 한결 부드러워져서 뒤돌아서서 눈을 마주치고는 한숨을 쉬면서 "Star of the week"상을 못 받아서 속상하다고했어. 이야기를 다 듣고 나서 미소를 지으며 열심히 했으니까 다음주에는 해리가 상을 받을 수 있을 거라고 격려와 위로를 해 주었어.

그러자 해리가 기분이 괜찮아졌다고 하며 다시 쾌활하게 웃으면서 언제 그랬냐는 듯이 신이 나서 나는 해리가 좋아하는 치즈버거를 먹으러 맥도널드를 향해 같이 손을 붙잡고 달리기 시작했지. 해리가 속상할 때 가끔 날카롭게 말하면 나도 순간 화가 나지만 미소를 지으며 해리의 입장에서 생각을 하려고 노력했어. 그러면 해리의 입장을 이해할 수 있게 되고 긍정으로 말을 할 수 있게 되었어.

항상 미소를 짓고, 마음을 열고 속상한 일을 들어주다 보면 긍정적인 에너지가 해리에게 전달돼서, 언제 그랬냐는 듯이 기분 나쁜 일들은 잊어버리고 즐겁게 같이 놀 수 있었어.

미소는 상대방을 기분 좋게 만드는 정말 최고의 마법이야!

"건아, 집에서도 할머니나 엄마 앞에서
숟가락을 집어 던져?"

"건아, 뭐 먹고 싶어?"

"음~ 갈비탕이요."

"그래? 그럼 선생님도 같이 갈비탕 먹을게."

"자, 여기 숟가락."

"네."

"헐~뭐야? 건아, 집에서도 할머니나 엄마 앞에서 숟가락을 집어던져?"

"음……. 아니요."

"그럼, 건아, 오늘 무슨 기분 나쁜 일 있어?"

"음……. 아니요."

"건아, 만약 집에서 지금처럼 수저를 테이블 위에 던지면 엄마가 뭐라고 할까?"

"음……. 혼나요. 선생님, 제가 잘못했어요."

"선생님은 건이가 예의 바른 학생이었으면 좋겠어. 건이는 정말 착한 학생인데 이렇게 행동하면 다른 사람들이 건이를 나쁜 학생으로 오해할 수 있거든, 앞으로는 수저를 테이블에 던지는 버릇없는 행동은 하지 않을 거지?"

"네, 선생님 죄송해요. 다시는 안 그럴게요."

"그래, 선생님은 건이가 착한 학생이라는 것을 알아. 자, 새끼손가락 걸고 약속!"

"네. 약속."

"건아, 선생님은 건이가 약속을 잘 지킬 거라고 믿어. 자, 갈비탕 나왔다. 맛있게 먹자."

"네."

건이와 같이 운동을 마치고 저녁을 먹으러 식당에 갔어. 건이에게 숟가락과 젓가락을 전달해 주었는데 건이가 놓아준 수저를 그냥 테이블 위에 던져 버리듯이 놓는 거야. 건이의 갑작스럽고 무례한 행동에 너무 화가 나서 혼을 내주고 싶었지만, 최대한 화난 마음을 가라앉히고 미소를 지으며 오늘 무슨 일이 있었는지 물었어. 그리고 건이에게 집에서도 이렇게 행동하냐고 물었어.

그러자 내 눈치를 잠시 보더니, 자신의 잘못을 인지한 듯 안절부절못하고 딴짓을 하면서 잠깐 고민을 하더니 자신이 잘못했다고 몹시 미안하다는 표정을 지었어. 그리고 나를 쳐다보지 못하고 고개를 숙였어.

그래서 화가 났지만, 미소를 지으면서 건이에게 다그치지 않고 부드러운 목소리로 선생님을 바라보라고 했어. 그리고 건이가 사과했으니까 괜찮다고 이야기를 하고 다음부터는 하지 않을 거라는 다짐을 받았어. 그리고 같이 즐겁게 갈비탕을 맛있게 먹었어.

건이가 나중에 이야기해주었는데 친구들과 학교에서 놀다가 말다툼을 해서 화가 나 있어서 그랬다고 이야기해주었어. 그래도 그렇게 버릇없이 행동하는 것은 잘못한 것이라고 다시 한번 이야기해주고 다시 한번 건이에게 다짐을 받았어. 그 이후로는 먼저 이야기하지 않아도 건이가 먼저 수저를 건네주고 자신이 정말 괜찮은 학생이라는 것을 보여주기 위해 식사 예절을 지키려고 노력하는 모습을 보였어.

화를 내지 않고 미소를 짓고 건이에게 이야기를 하길 정말 잘한 것 같아.

생각 한번 해봐

1단계 오늘 아침 미소 지었어?

2단계 늦잠 자고 일어나 학교 데려다 달라고 할 때 웃으면서 학교 데려다 줄수 있어?

3단계 싹수없게 말대꾸할 때 화내지 않고 미소 지으면서 말할 수 있어?

이렇게 해봐

선행이란 다른 사람들의 얼굴에 미소를 짓게 만드는 일이라고 해.그만큼 상대방에게 가장 기분 좋은 인사의 하나가 미소야. 그러면 어떻게 기분 좋은 미소를 지을 수 있을까?

첫 번째 아침에 일어나자마자 사랑하는 가족들에게 이세상에서 가장 따뜻한 미소를 지어봐.

눈을 뜨고 처음 만나는 사랑하는 가족들에게 따뜻한 미소로 긍정의 에너지를 전달해줘 그럼 즐거운 하루를 시작할 수 있을 거야.

두 번째 매일 아침 거울을 보고 멋진 미소가 만들어질 때까지 연습해봐.

우리는 거울을 보면서도 미소를 짓는 얼굴을 마주하기 힘들 때가 많아. 아마 삶에 지쳐서 그럴 거야. 그럴 때 우리자신에게 멋진 미소를 선물해줘. 그럼 하루를 기분 좋게 시작할 수 있어.

세 번째 매일 아침 멋진 미소가 담긴 셀카를 찍어봐.

사진을 통해서 나의 미소가 상대방에게 어떻게 비추어지는지 잘 알 수 있어. 내 미소가 아주 멋지다고 생각하고 찍었는데 어색한 경우가 종종 있었어. 내가 봐도 멋진 미소가 나올 때까지 셀카를 찍어봐.

마지막으로 상대방으로부터 불쾌하게 느낄 때도 끝까지 미소를 잃지 마.

우리는 기분이 나쁠 때 표정이 얼굴에 다 나타나거든. 그런데도 미소를 지어야 하는 경우가 많이 있어. 난 아이와 말다툼하면서 표정관리가 가장 힘이 들더라고 그래서 어떤 상황에서도 미소를 잃지 않고 이성적으로 아이를 대할 수 있도록 진짜 연습을 많이 했어. 가족은 누구 하나가 기분이 나쁠 때 다 같이 느끼기 때문에 내가 감정조절에 실패하는 순간 모든 사람에게 나쁜 감정이 전달되기 때문에 화가 나도 웃음을 잃지 않으려고 정말 많이 노력했어.

우리는 미소를 짓는 것만으로 삶이 달라진다는 놀라운 일을 경험할 수 있을 거야. 특히 여행을 가서 도움이 필요한데 말이 통하지 않을 때 미소를 지어봐. 그러면 처음 만난 낯선 사람으로부터 따뜻한 미소와 친절한 도움의 손길이 함께 돌아올 거야.

우리가 가장 힘든 순간에도 미소를 잃지마 그러면 우리 아이들과 진정한 소통을 시작할 준비가 된 거야.

가장 행복한 웃음을 지을 때까 언제야?

6.
이름을 자주 불러봐!

래니 어레돈은 이렇게 말했다.

사람들은 당신이 어떻게 기대하는가에 따라 살아나기도 하고 가라앉기도 한다.

비판적이고 깔보는 이름표를 달아주고 부정적으로 기대하면

그에 준한 행동을 하게 되고, 부정적 반응을 촉발하게 된다.

굳이 낙인을 찍어야 한다면

긍정적인 모습을 부각시키는 이름표를 붙여주자.

이름을 잘 기억하라

"거울을 보고 네 이름을 불러봐! 넌 소중한 사람이니까^^*."

어린 시절 철강왕 앤드루 카네기는 어미토끼 한 마리를 갖게 되었어. 얼마 지나지 않아 새끼토끼들을 많이 기르게 되었는데 그들에게 먹일 먹이가 하나도 없었어. 이때 멋진 생각이 떠올랐어. 카네기는 동네 아이들에게 토끼에게 줄 크로버 잎과 민들레를 가져다주면 토끼들에게 그 아이들 이름을 붙여주겠다고 말했어. 이 계획은 마술 같은 효과가 있었으며 카네기는 그것을 살면서 한번도 잊은 적이 없었어.

프랑스의 황제이며 나폴레옹의 조카였던 나폴레옹 3세는 모든 국사를 자신이 친히 살피는데도 불구하고 만나는 사람들의 이름을 모두 기억할 수 있음을 자랑했어.

그의 비결은 무엇일까? 간단해. 만약 이름을 분명히 듣지 못했으면 "미안

하네. 이름을 잘 못 들었네"라고 말하면 돼. 그리고 특이한 이름의 경우엔 "어떻게 쓰나?"하고 묻곤 했지.

대화하는 동안 그는 일부러 몇 번이고 이름을 되풀이 말해 자신의 마음속에 그 이름과 그 사람의 특징, 표정 그리고 전체적인 모습을 연관시키려고 노력했어. 만일 그 사람이 중요한 인물이라면 나폴레옹은 더 큰 노력을 했어. 그는 혼자 있을 때 그 이름을 종이에 써서 신경을 집중시켜 마음에 단단히 새겨 놓은 후, 그 종이를 찢어 버렸어. 이렇게 해서 그는 귀를 통해서뿐만 아니라 눈을 통해서도 그 이름에 대한 인상을 간직했던 거야.

이런 모든 일에는 시간이 걸리지만 "좋은 습관은 약간의 희생을 지불함으로써 만들어진다."라고 에머슨은 말했어.

우리는 상대방에게 신뢰를 주는 간단한 방법의 하나가 바로 이름을 기억하는 거야.

"이 세상에서 가장 아름다운 말은 자기의 이름 세자이다."
- 데일 카네기

"이 세상에서 제일제일제일 최고최고최고 예쁜 해리!"

"해리, 어디 있어? 찾기 너무 힘들어 도대체 어디에 숨은 거야?"
"ㅋㅋㅋ."
"어? 어디서 소리가 들렸는데?"
"ㅋㅋㅋ."
"아! 여기 옷장에 숨었구나. 찾았다."
"아빠, 문 열어줘."
"암호."
"음……. 이 세상에서 제일 제일제일 최고최고최고 예쁜 해리."
"오케이 맞았어. 나와도 돼. 이제 해리가 술래야. 아빠 숨는다."
"응. 알았어. 아빠, 10까지 셀게. 하나, 둘, 셋……"
해리가 처음 초등학교에 들어갈 때 모든 환경이 낯설어서 많은 스트레스를 겪었어. 그래서 해리가 낯선 학교생활에 적응을 잘할 수 있도록 자신감을 불어넣어 주기로 계획을 세웠어.

우선 우리만의 암호를 정하자고 했어. 그래서 집에서 술래잡기 게임을 하다가 문이 잠겼을 때 밖에서 문을 열어주기 전에 "암호"라고 외치면 "이세상에서 제일제일제일 최고최고최고 예쁜 해리." 이렇게 이야기를 해야 갇혀있던 곳에서 풀려나올 수가 있었어.

그 이외에도 무슨 일이 있을 때마다 둘만의 암호로 정해놓고 수시로 암호를 외쳤고 그럴 때마다 "이세상에서 제일제일제일 최고최고최고 예쁜 해리."라고 말해주었어. 그리고 잠을 잘 때 굿나잇 키스를 할 때도 해리가 암호를 외쳐서 "이 세상에서 제일제일제일 최고최고최고 예쁜 해리."라고 말해주어야 행복한 표정으로 잠이 들곤 했어.

이렇게 매일매일 해리의 이름을 불러주면서 이세상에서 제일제일제일 최고최고최고 예쁘다고 말을 해주자 점차 해리가 자신감을 가지고 새로운 학교생활에 적응하고 다시 'Everyday happy girl'로 돌아와서 매일매일 즐겁게 같이 놀 수 있었어. 지금도 가끔 갑자기 암호하고 외치면 "이세상에서 제일제일제일 최고최고최고 예쁜 해리."라고 자동으로 말을 해^^*. 그리고 조카도 자기도 해달라고 해서 "이 세상에서 제일제일제일 최고최고최고 예쁜 보니."라고 이야기해주면 정말 행복해하거든.

나는 지금도 항상 해리에게 편지를 쓸 때 앞부분에 이렇게 시작해.

"아빠가 이세상에서 제일제일제일 최고최고최고 사랑하는 해리에게."

마지막은 "이세상에서 해리를 제일제일제일 최고최고최고 사랑하는 아빠로부터."

"건아, 그 게임은 어떻게 하는 거야?"

"건아, 제일 친한 친구가 누구야?"
"경석이하고 진우요."
"건아, 그럼 경석이하고 진우하고 같이 축구를 하는 거야?"
"네."
"그럼 건아, 학원도 경석이하고 진우하고 같이 다녀?"
"아뇨. 지금은 학원을 그만뒀어요."
"아! 그렇구나. 그럼 건이는 경석이하고 진우하고 같이 만나서 뭐해?"
"제가 수학을 잘 못해서 친구들이 옆에서 대신 가르쳐줘요."
"와우~ 경석이하고 진우는 건이에게 정말 좋은 친구구나."
"네, 맞아요. 정말 좋은 친구들이에요."
"알아. 건이가 좋은 친구니까 경석이하고 진우는 분명 좋은 친구일 거야."
"네. 맞아요. ㅎㅎㅎ."
건이와 초등학교 6학년때 만났던 친구들이 같은 중학교에 갔지만 서로 다른 반이라서 잘 만나기가 어려웠지만 건이와 어려서부터 한동네에서 자란 친구들이라서 학교가 끝나면 건이와 같이 자주 만나서 축구도 하고 공부도 같이 하곤 했었어.

그래서 건이 친구에게 관심을 두고 자주 건이 친구의 이름을 불러주고 참 좋은 친구들이라고 칭찬을 해주었어. 그러자 건이가 시험을 망쳐서 우울해 하고 있었는데 건이와 놀아주기도 하지만 건이의 부족한 수학 문제를 옆에서 같이 도와주는 친구들을 이름을 계속 이름을 불러주면 칭찬을 해주었어. 그러자 건이가 자신의 경석이하고 진우가 자신에게 얼마나 좋은 친구들인지 한참을 신이 나서 이야기를 해주었어.

건이가 어려서 어른들에게 버림을 받았다는 마음의 상처로 인해서 제대로 상대방과 말을 하지 못하고 더욱 심각한 것은 눈을 마주치지 못하고 불안해 하는 모습을 보였어. 그래서 처음에는 물어봐도 대답을 잘하지 않고 책상 위에 시선을 고정하고는 계속 두리번두리번거리며 같이 앉아 있는 것조차도 힘들어했거든.

그래서 처음에는 서로 친해지기 위해서 되도록 건이 이름을 이야기하는 중간마다 자주 불러주었어. 그러자 계속 대답을 잘하지 못하고 얼버무리기만 하다가 자신이 좋아하는 친구 이야기가 나오자 눈이 반짝하면서 길지는 않지만 조금씩 길게 말을 하기 시작했어.

"건아"라고 계속해서 미소를 지으며 다정하게 이름을 불러주자 처음에는 어색해하며 말을 하던 건이가 점차 내 눈을 바라보며 조금씩 편안하게 말을 하기 시작했어. 그 이후로도 이야기할 때 가능한 '건이' 이름을 계속해서 많이 불러주고 편안하게 다가가자 건이는 조금씩 마음에 문을 열기 시작했고 자주 "건아"라고 이름을 불러주는 것이 건이 자신을 특별하게 생각해준다고 느껴서 서로간에 친밀감이 조금씩 생기는 것을 느낄 수 있었어.

그래서 처음에 가지고 있던 남자 어른에 대한 경계심을 풀고 나에게 점차 자신의 친구 이야기와 학교 선생님과의 관계를 털어놓기 시작했어. 정말 놀라운 변화였어.

처음 만났을 때 상대방의 이름을 자주 불러주면 그만큼 서로간의 친밀감이 높아진다는 것을 다른 사람에 대해 극도의 경계심을 갖고 있던 건이가 변화되는 것을 보면서 이름을 불러준다는 것이 얼마나 상대방을 존중해주고 특별하게 느낌이 들게 해준다는 것을 느낄 수 있었어.

생각 한번 해봐

1단계 매일 이름 몇 번 불러줘?

2단계 제일 친한 친구 이름은 알아?

3단계 매일 아침 애칭 불러줘?

이렇게 한번 해봐

카네기 코스에서 사용하는 LIRA 이름 기억공식이야.

L(Look and Listen): 상대방의 눈을 보고 이름을 들어봐.

상대방의 눈을 보고 집중해서 이름을 경청하면 상대방은 자신이 아주 중요한 사람이라고 느끼게 될 거야. 그러면 상대방의 이름을 정확하게 듣고 기억할 수 있어.

I(Impression): 인상을 기억해봐.

우리는 첫인상을 결정짓는데 4초, 첫인상을 바꾸는데 40시간이 걸린다고 이야기를 해. 처음 만났을 때 짧은 시간 안에 그 사람이 가지고 첫인상을 기억해봐.예를 들어 눈썹이 짙은 사람으로 기억한다거나 웃는 얼굴로 첫인상을 기억해봐.

R(Repetition) : 반복해서 불러봐.

상대방의 이름을 잘 기억하기 위해서는 이름을 듣고 나서 2번 이상 마음속으로 반복해서 외워봐. 그리고 이야기를 나누면서 중간마다 상대방의 이름을 불러주어서 상대방으로 하여금 중요하다는 느낌이 들게 하면서 동시에 자연스럽게 이름을 기억해봐.

A(Association) : 연상해봐.

이름을 쉽게 기억하기 위해서 상대방이 가지고 있는 직업, 의미, 유사이름 등과 연관 지어서 이름을 기억해봐. 예를 들어 "안경원을 운영하는 안경태입니다." "유쾌하고 철두철미한 호탕한 남자 유철호입니다." 이렇게 이름에 긍정적인 의미를 부여해서 기억하면 좀더 쉽게 이름을 오랫동안 기억할 수 있어.

인간관계에 문을 여는 시작이 바로 사람들의 이름을 기억하는 거야. 만약 상대방의 이름을 잃어버린다면 문고리가 없는 문과 같아. 따라서 상대방의 마음의 문을 열고 싶다면 이름을 꼭 기억해.

누군가 내 이름을 불러주면 내가 상대방에게 정말 소중하고 중요하다는 느낌이 든 경우가 많았어. 그래서 해리에게도 같은 느낌을 주기 위해 매일아침 "해리야 사랑해."라고 안아주는 것으로 하루를 시작했어. 아침에 눈 뜨자마자 사랑하는 사람 이름을 불러주면서 '사랑해.' 라고 말해봐.그러면 하루 동안 사용할 수 있는 에너지가 자동으로 충전이 될 거야^^*.

처음 만났을 때 어떤 사람으로 기억되고 싶어?

7.
끝까지 잘 좀 들어줘!

알렉스 퍼거슨은 이렇게 말했다.
신이 인간에게 두 개의 눈과 귀 하나의 입을 준 데는
그만한 이유가 있다.
즉 한번 말할 때 두 번 보고 두 번 들으라는 뜻이다.
더군다나 듣는 데는 돈이 들지 않으니 이 얼마나 좋은가?
남의 이야기에 귀를 기울이는 노력은 언제나 보상받는다.

경청하라,
자신에 대해 말하도록 다른 사람들을 고무시켜라

"자기 생각을 멈추고 상대방이 하는 말에 온전히 귀 기울여봐!"

진심으로 경청하는 태도는 우리들이 다른 사람에게 보일 수 있는 최고의 찬사 가운데 하나야.

상대방의 이야기를 재미있게 열심히 들은 것뿐인데 상대방은 나를 말을 가장 잘하는 사람이라고 생각을 했어.

왜 다른 사람들이 하는 이야기를 잘 들어야 하는지 두 가지 타당한 이유가 있어.

첫째는 그렇게 함으로써 무언가 배울 수 있고, 둘째는 상대방과 더 가까이 지낼 수 있어. 사람은 누구나 자기의 이야기를 들어주는 사람에게 반응을 보이기 때문이야.

인도에서 평생을 빈민 봉사에 헌신한 노벨 평화상 수상자인 마더 테레사 수녀가 한번은 미국을 방문해 CBS방송의 유명한 뉴스 진행자인 댄 래더의

프로그램에 출연했어. 앵커가 방송국 스튜디오를 찾은 마더 테레사 수녀님에게 물었어.

"수녀님은 하느님에게 기도할 때에 어떻게 말합니까?"

테레사 수녀는 다소곳이 고개를 숙이고 있다가 대답했어.

"나는 듣습니다."

예상 밖의 대답을 들은 앵커는 당황해 다시 질문을 던졌어.

"수녀님이 듣고 있을 때 하느님은 무엇을 이야기합니까?"

그때 수녀는 잠시 생각하다가 다시 대답했어.

"그 분도 듣지요."

미사여구의 장황한 기도를 하느님이 기뻐하는 것이 아니라 듣는 기도를 기뻐하셔. 듣는 기도는 마음이 열려 있는 기도야. 마음으로 하느님의 말씀을 듣는 것이지. 입이 지나치게 열려 있으면 마음이 닫혀. 마음이 닫히면 귀가 닫히는 법이지. 하느님과 나, 서로가 듣는 기도가 영의 기도야.

경영의 달인이라는 마츠시타 고노스케는 다음과 같이 말했어.

"나는 초등학교도 제대로 나오지 못했다. 즉 배우지 못했다. 그래서 어떤 사람이 무슨 말을 해도 경청했다. 덕분에 많은 정보와 아이디어를 얻을 수 있었고 경영을 하는 데 잘 활용할 수 있었다. 이것은 내게는 하나의 행운이었다. 대학을 나오고 지식이 풍부한 많은 사람이 그들의 지식을 자랑하면서 남의 이야기를 잘 경청하지 않는 것은 놀라운 일이었다."

"사람들에게 영향을 끼칠 수 있는 능력은 훌륭하게 이야기하는 사람에게 있는 것이 아니라 경청하는 사람에게 있다."

_데일카네기

진지하게 경청하는 사람보다 설득력이 뛰어난 사람은 없어.

사람에게 입이 하나 있고 귀가 둘이 있는 이유는 다른 사람의 말을 잘 듣기 위해서라고 해. 123화법이란, 한번 말하고, 두 번 듣고, 세 번 고개를 끄떡이고 공감하면서 경청하는 거야.

그러므로 말주변이 있는 사람이 되기를 원한다면 우선주의 깊은 경청자가 되어야 해. 자신에게 흥미를 느끼게 하려면 먼저 남에 대한 흥미를 느껴야 해. 다른 사람들이 대답하기 좋아하는 질문을 던져야 하고 그들 자신과 그들의 업적에 관해 이야기하도록 그들을 격려해 주어야 해.

네가 이야기하고 있는 사람은 네가 가지고 있는 문제보다 몇백배 더 그들 자신의 소망과 문제에 관해 관심을 두고 있다는 사실을 명심해야 해.

"몰라! 엄마, 미워."

"해리, 왜 거기에 있어? 엄마한테 혼났어?"
"몰라. 엄마, 미워."
"아니, 우리 예쁜 꿀꿀이가 왜 그렇게 화가 났어?"
"엄마는 내 이야기는 들어주지도 않고 매일 내가 언니라고 나만 혼내켜."
"해리 이야기를 들어보니까 너무 속상했겠다. 엄마가 너무 했네! 해리 이야기를 듣지도 않고 그치?"
"응. 아빠, 엄마 정말 미워."
"어떻게 우리 이쁜딸ㅠ.ㅠ 그런데 보니하고 무슨 일 때문에 그래?"
"보니가 닌텐도 게임기를 먼저 갖고 놀고 내가 나중에 놀기로 했는데 보니가 약속을 안 지켰어. 한 시간이 지나서 내가 가지고 놀 차례라고 보니에게 달라고 했더니 보니가 싫다고 해서 약속을 지키라고 화를 내고 있었거든."
"응. 그러게 보니가 약속을 안 지켜서 우리 꿀꿀이가 화가 났구나."

"응. 아빠. 보니 미워! 약속도 안 지키고."

"그러게. 보니가 언니를 화나게 했구나. 그것도 모르고 엄마가 해리만 혼내서 많이 속상하겠다."

"응. 엄마는 내 이야기는 끝까지 들어보지도 않고 내가 언니라고 나만 뭐라 그래 엉~엉~."

"그렇구나. 우리 꿀꿀이가 얼마나 착한데 엄마가 들어보지도 않고……. 아빠도 많이 속상해!"

"그래도 아빠가 내 얘기를 들어줘서 이제 좀 괜찮아졌어. 고마워. 아빠!"

"다행이다. 우리 꿀꿀이가 맘이 풀려서 그럼 조금 있다가 세수하고 엄마한테 같이 가서 다시 이야기해 볼까? 아빠가 옆에서 같이 있어줄게."

"응. 알았어. 아빠, 사랑해."

"아빠도 사랑해. 예쁜 딸."

해리는 3살 아래 조카인 보니가 같은 동네에 살아서 우리 집에서 매일 같이 놀았어. 그래서 언니로서 동생에게 양보해야만 하는 상황이 생길 때마다 속상해하며 때로는 보니와 말다툼을 하고 엄마에게 혼이 나서 벌을 서기도 했어. 어느 날 게임기를 서로 자기가 가지고 놀겠다고 다투다가 결국 엄마에게 들켜서 혼이 났어. 그리고 해리가 생각하는 의자에 혼자 앉아서 벌을 서고 있었어.

해리가 속상할 것 같아서 나도 같이 울상을 지으면서 해리 옆에서 앉아 이야기를 들어주며 같이 고개를 끄덕이며 울상을 지었어. 그러자 해리가 점차 마음을 열고, 엄마는 내가 게임기를 가지고 놀 차례인데 보니가 더 갖고 놀겠다고 해서 약속한 것을 지키라고 이야기를 하는데 보니가 떼를 써서 안 된다고 이야기를 했더니 보니가 막 울었어. 그리고 엄마가 보니 우는 것만 보고 내 이야기는 끝까지 듣지도 않고 동생하고 싸운다고 나만 혼냈다고 하면서 해리가 다시 서럽게 울기 시작했어.

　해리가 진정될 때까지 한참을 옆에 앉아서 해리와 눈을 맞추고 고개를 끄덕이고 같이 한숨을 쉬면서 해리 이야기를 들어주고 너무 속상했겠다고 하며 등을 토닥여 주고 안아주었어. 그리고 '엄마가 너무 했네! 해리 이야기를 듣지도 않고, 그치?'하면서 같이 공감을 해주면서 해리 눈물을 손으로 닦아 주고 머리를 쓰다듬어주자 해리가 속상한 마음이 좀 풀렸는지 '그래도 아빠가 내 얘기를 들어줘서 이제 괜찮아졌어. 고마워. 아빠!' 하면서 나를 꼭 안아 주었어.

　그리고 한동안 바빠서 서로 이야기를 잘 못했는데 해리가 학교에서 새로 사귄 친구들과 선생님들 이야기를 생각하는 의자 옆에 쭈그리고 앉아 한 시간이 넘도록 재잘거리며 언제 울었냐는 듯이 한참을 이야기했어. 게다가 서로가 가지고 있는 엄마에 대한 불만들을 공유했어. ㅋㅋㅋ "엄마가 가끔은 소가지를 부려서 아빠도 힘들어. ㅋㅋㅋ"라고 하면서 엄마 몰래 서로 비밀 이야기를 한참을 주고받았어. 그날 엄마 귀가 좀 간지러웠을 거야. ㅋㅋㅋ

　속상한 사람이 있다면 잘잘못을 먼저 따지기 전에 상대방 입장에서 잘 들어주고 공감을 해줘. 그러면 상대방이 위로를 받고 다시 힘을 낼 수 있거든. 그다음에 잘잘못을 이야기해도 늦지 않아. 상대방이 숨쉴 수 있게 조금만 귀 기울이고 기다려줘. 그러면 스스로 힘을 내서 해답을 찾을 수 있어.

"그럼 학원은 그만둔 거야?"

"건아, 너 요즘 가장 큰 고민이 뭐야?"

"음……. 별로 없어요."

"선생님도 알아. 건이는 잘하고 있으니까. 그래도 딱 한가지만 꼽으라면 뭐야?"

"음……. 실은 수학이요."

"건아, 왜 수학 선생님하고 문제 있어?"

"아니요. 그게 아니라 수학이 어려워요."

"뭐가 제일 힘든데?"

"다 잘 모르겠어요. 그래서 친구들에게 물어보는데 어떤 것은 이해가 안 돼요."

"아~ 그렇구나. 그럼 지금 어떻게 수학공부를 하고 있어?"

"그냥 혼자서 하고 가끔 경석이와 진우가 옆에서 도와줘요."

"그럼 건이는 친구들이 설명해주면 다 이해가 돼?"

"네. 친구들이 잘 설명을 해줘요. 제가 수학문제를 풀 동안에 친구들은 옆에서 게임을 하고 있어요. 제가 수학문제를 다 풀면 맞았는지 확인해줘요. 그리고 틀리면 다시 가르쳐주니까 괜찮아요."

"건이는 정말 좋은 친구들을 두었구나. 건이는 정말 좋겠다."

"그럼 학원은 그만둔 거야?"

"네. 이번 학기부터 안 다녀요."

"선생님이 그만둔 이유를 물어봐도 될까?"

"음……. 실은 제가 학원을 제대로 다니지 않아서 엄마가 화가 나서 학원을 끊었어요."

"그럼 건이는 학원을 다시 다니고 싶어?"

"네. 지금은 다시 다니고 싶지만, 엄마가 허락할지 모르겠어요. 제가 약속을 지키지 않아서 엄마가 화가 많이 나셔서요."

"선생님이 엄마하고 이야기해볼까?"

"아뇨. 제가 이야기할게요."

"오케이! 건이가 그래서 요즘 많이 힘들었구나. 지난번 시험을 50점도 못 맞았는데 이유가 있었구나. 많이 속상하겠다. 그치?"

"네."

"그럼 선생님이 우선 인터넷에서 시험관련 자료를 보내줄게. 한번 해볼래?"

"아뇨. 괜찮아요. 친구들이 잘 도와주고 있어요."

"응. 그래 우리 건이가 정말 좋은 친구들을 두었구나. 그래도 도움이 필요하면 선생님에게 언제든지 알려줘. 알았지?"

"네."

건이와 농구를 하고 배가 고파서 롯데리아에 가서 햄버거를 먹었어. 둘이서 햄버거를 정신없이 먹다가 안색이 밝지 않아서 무슨 고민이 있냐고 갑자기 내가 묻자. 처음에는 당황해서 대답을 피했어. 그래서 조금은 장난같이 편안하게 이야기해보라고 하니까 한참을 고민하더니 부끄러운지 내 눈을 보지 못하고 테이블을 바라보면서 수학이 걱정이라고 풀이 죽어서 말을 했어.

무슨 문제가 있느냐고 하자 고개를 숙이며 자신이 학원을 가지 않고 논 것으로 인해 엄마가 학원을 끊었고 그것이 건이 마음 한구석에는 엄마에게 죄송한 마음이 들어서 힘들어했어. 그래서 힘들게 이야기를 꺼내는 건이가 편안하게 이야기 할 수 있도록 한참을 기다려주고 같이 한숨도 쉬어주고 눈을 바라보며 진심으로 걱정을 해주었어.

그렇게 건이가 이야기하는 것을 진심으로 같이 걱정을 해주고 공감을 해주자 그동안 겉돌기만 했던 대화에서 자신이 가지고 있는 마음속의 이야기를 하나둘씩 털어놓기 시작했어. 공부를 어떻게 할지 모르겠다는 것과 시험을 잘 봐서 친구들과 같은 인문계 고등학교에 가고 싶은데 걱정이 많이 된다는 등 진짜로 마음속의 감추어두었던 이야기를 하면서 한숨을 쉬었어.

이야기를 듣는 내내 미리 알지 못해서 속상해하고 어떻게 도와줄 방법을 다른 러빙핸즈 선생님들에게 SOS를 보냈어. 그래도 건이가 공부를 하려고 하는 이유가 친한 친구들과 같은 고등학교에 가고 싶기 때문이라는 것을 알았으니까 옆에서 도와줘서 꼭 같은 고등학교에 입학을 할 수 있도록 열심히 해보자고 했어.

집에 돌아가는 예정된 시간보다 1시간이나 늦어서 어머님께 미리 문자를 보내고 양해를 구했어. 그 이후로 어머님과도 상의해서 건이가 학원에 적응을 못해서 되도록 개인 과외를 통해서 수학의 기초를 잡아주어 건이가 자신감을 느끼도록 하겠다고 약속을 하셨어.

건이와 이야기를 하면서 기다려주는 시간이 경청하는 데서 얼마나 중요한지 깨달을 수 있었어. 돌이켜보니까 그 시간 동안 서로가 가장 많은 이야기를 한 느낌이 들었어.

상대방이 이야기를 잘할 수 있게 하려면 상대방이 생각을 정리해서 이야기할 수 있도록 기다려주는 것도 잘해야 한다는 것을 배웠어.

생각 한번 해봐

1단계 둘이 마지막으로 수다를 떤 게 언제야?
2단계 관심 없는 아이돌 얘기하는데 딴짓 안하고 들어줄 수 있어?
3단계 바빠 죽겠는데 전화해서 잡담하면 안 끊고 끝까지 들어줄 수 있어?

이렇게 한번 해봐

미국 UCLA대학의 메라비안 교수는 10년 동안 커뮤니케이션에 대해 연구를 했어. 그의 연구에 따르면 커뮤니케이션에서 영향을 미치는 요소 중 생김새와 행동이 55%, 목소리가 38%, 그리고 말의 내용이 7%였어.

즉, 상대방의 언어를 이해하는 방식에서 행동, 목소리, 내용이 서로 일치하지 않을 때 말의 내용보다 비언어적인 요소가 오히려 상대방에게 더 많은 영향을 준다는 것을 알 수 있어. 따라서 우리는 상대방이 말하지 않는 부분을 이해할 수 있는 진정한 경청을 위해서는 다음과 같이 한번 해봐.

첫 번째 비언어적인 요소를 적절히 사용을 해봐. 고개를 끄덕이거나, 기쁘고 슬픈 표정을 짓거나, 눈을 마주치고 들어주는 것만으로도 상대방에게 위로와 공감을 통해 자신이 이미 가지고 있는 해답을 찾는데 도움을 줄 수 있어. 공감은 사람과 사람을 연결해주는 가장 보편적인 언어라고 이야기를 해.

두 번째 자신이 '무엇을 이야기할까' 라는 자기생각을 당장 멈추고 상대방을 바라보며 상대의 대화에 집중하는 것이 매우 중요해. 우리는 듣는 것을 잘한다는 것을 그냥 듣고 있다는 것으로 오해할 수 있어. 내 생각을 멈추고 상대방의 말에 집중해서 들어야 경청을 할 준비가 된 거야.

세 번째 상대방으로 하여금 많은 말을 하도록 개방형 질문과 육하원칙을 사용하여 상대방이 말을 계속 잘할 수 있도록 해주는 적극적인 경청이 정말 중요해. 적극적으로 반응함으로써 자신이 상대방으로부터 잘 이해받고 있음을 확인시켜줄 수 있어.

마지막으로 상대방의 말 끊지 말고 끝까지 들어줘. 그러면 상대방이 진짜 마음속 이야기를 시작할 거야. 대부분 사람이 가장 힘들어하는 것이 다른 사람들 이야기가 끝날때까지 기다려주는 일이야. 그냥 자신이 하고 싶은 말이 끝날때까지 충분히 기다려줘. 그럼 상대방이 진짜 마음속 이야기를 시작할 거야.

말 끊지 않고 끝까지 기다려줘!

8.
상대방이 좋아하는 것 쯤!
이야기 해봐!

에리히 프롬은 이렇게 말했다.
꽃을 사랑한다고 말하면서도
꽃에 물 주는 것을 잊어버린 여자를 본다면
우리는 그녀가 꽃을 사랑한다고 믿지 않을 것이다.
사랑은 사랑하고 있는 자의 생명과 성장에 대한
우리들의 적극적 관심인 것이다.
이러한 적극적 관심이 없으면 사랑도 없다.

상대방의 관심사에 대해 이야기하라

"지금 말하는 사람이 지구상에 하나밖에 남지 않은 유일한 친구라고 생각하고 귀기울여봐!"

미국 카네기 연구소에서 조사한 바에 따르면, 재정적으로 성공한 사람 중 15%는 자신의 기술적 지식에 의한 것이며, 85%는 인간관계, 즉 사람들과 좋은 인간관계를 맺는 능력 때문에 성공을 거두었다고 해. 15%의 사람들은 남들보다 뛰어난 능력, 예를 들어 변호사라면 아주 뛰어난 법률 지식을 갖고 있어서, 회계사라면 회계에 관한 지식이 뛰어나서 성공할 수 있었어. 그러나 85%의 사람들은 사람들과 잘 지내는 능력, 즉 자기 생각을 잘 표현하고 다른 사람의 생각을 잘 받아들여 사람들과 함께 원만하게 지내는 기술이 있기 때문에 성공했어.

다른 사람에게 진심에서 우러나오는 관심을 표현하는 것 외에 다른 사람이 우리에게 관심을 두게 하는 더 좋은 방법은 없어.

사람은 진심으로 자신에게 관심을 보이는 사람에게 반응을 보일 수밖에 없어. 이것이 바로 인간 심리학의 기본 개념 중 하나야. 우리는 다른 사람들이 우리에게 관심을 보이는 것에 기쁨을 느껴. 이것은 우리를 특별하게 만들고 중요하게 만들어. 우리에게 관심을 보이는 사람들과 가까이 있고 싶고 계속 곁에 두고 싶어해. 우리는 그들에게 관심을 보임으로써 그들의 관심에 보답하거든.

우리는 다른 사람들을 만나면서 서로에게 관심을 두고 이야기를 나누고, 때로는 좀더 친밀한 관계를 형성하고 이를 통해 서로에게 친구가 돼. 즉, 나와 너에게서 시간이 흐름에 따라 서로에게 관심을 두고 상대방을 알아가는 과정을 통해서 우리가 된다는 것을 알 수 있어.

'왜 스테프랑 싸웠어?'

"해리, 요즘 스테프랑 잘 지내?"
"아니, 메디하고 더 친해져서 스테프하고는 잘 안 만나."
"왜 스테프랑 싸웠어?"
"음……. 아빠, 스테프는 엘리하고 놀아서 요즘 난 메디하고 놀아."
"아! 그래서 요즘 스테프가 집에 잘 안 오는구나. 그래도 가끔 집에 놀러 오라고 해."
"응, 아빠."
"참 역사 선생님은 요즘 어때?"
"아빠, 모든 여학생이 난리야. 다들 오코넬 선생님하고 말해보려고 괜히 이것저것 물어보고 그래. 특히 아리아는 선생님을 너무 좋아해서 다음 학기도 무조건 역사과목 듣는데. ㅋㅋㅋ"
"오코넬 선생님이 얼마나 멋있길래 그래?"

"음……. 정말 옷도 잘입고 멋져, 패션 감각도 있고 꼭 모델 같아. ㅋㅋㅋ"

"와우~ 우리 딸 그래서 역사 공부를 그렇게 열심히 하는 구나? 아빠는 해리가 그렇게 온통 벽에다 포스트잇을 붙여놓고 밤늦게까지 공부하는 거 처음 봤거든^^*."

"아빠는 아니야! 내가 역사를 얼마나 좋아한다고 칫."

"해리, 아빠가 어제 아침에 데려다줄 때 본 사람이 미스터 오코넬 맞지?"

"응. 맞아. 아빠, 선생님 너무 멋있지?"

"응. 멋있긴 한데. 음…… 아빠보다 더 멋있어?"

"음……. 아니, 아빠가 더 멋있어. ㅋㅋㅋ"

"역시 우리 딸이 최고야! ㅋㅋㅋ"

해리와 주말에 가끔 집에서 가까운 해변으로 카야킹을 하러 갔어. 카약을 타고 근처에있는 무인도에 가기 중간쯤에 더위를 식힐겸 바다로 뛰어들어 수영을 했어. 한참 수영을 하다 지치면 아무도 없는 바다 한가운데서 라이프 재킷에 몸을 맡기고 해리랑 손을 잡고 하늘에 떠 있는 구름을 보며 이야기를 하며 더위를 식히곤 했어. 바다 한가운데서 불어오는 시원한 바닷바람을 즐기며 그동안 참아왔던 엄마를 비롯한 친구들 흉도 보고, 비밀 이야기도 하면서 한참 수다를 떨었어. ㅋㅋㅋ

요즘 해리가 고등학교에 입학하고 나서 친구들과 같이 캠핑과 파티를 하러 자주 가면서 조금씩 나오는 거리감이 느껴지기도 해서 해리와 카야킹을 가서 이야기를 좀 하고 싶었어. 그렇게 한참을 하늘에 구름을 바라보다가 해리의 가장 절친인 스테프하고 메디와 잘 지내고 있는지 궁금하여 물었는데 여전히 서로 투닥거리며 다투기도 하고 화해도 하면서 잘 지내고 있었어.

그리고 요즘 멋쟁이 역사 선생님이 새로 와서 서로 잘 보이려고 한다는 말을 듣고는 해리의 얼굴을 봤어. 그러자 이제 막 이성에 눈을 뜨기 시작한 해리의 눈망울이 반짝반짝하며 선생님이 얼마나 멋진지에 대하여 10분이 넘도록 쉬지 않고 자랑을 하기 시작했어.

선생님이 커피를 어떻게 마시고, 옷은 어떻게 입고, 친구들이 선생님을 놓고 서로 좋아한다고 질투하는 것까지 정신없이 수다를 떨기 시작했어. 그렇게 해리와 바다에서 둥둥 떠서 하늘을 바라보여 자신이 좋아하는 오코넬 선생님을 열심히 말하는 동안 다시 옛날에 같이 이야기하던 꼬맹이 해리가 되어서 아빠의 절친으로 돌아온 느낌이었어.

그 이후로도 다시 해변으로 돌아오기 전까지 역사 선생님의 가정사까지 낱낱이 알 수 있었어^^*. 친구들에게 털어놓지 못했던, 해리가 '왜 역사 선생님을 좋아하게 되었는지?'에 관해 속마음을 알 수 있어. 17살 순수한 소녀가 선생님을 사랑하고 있는 해리 모습이 참 귀여웠어. 나 또한 학창시절로 돌아가서 같이 웃으면서 해리 덕분에 즐거운 시간을 보낼 수 있었어.

요즘 바빠서 해리와 관계가 서먹서먹했는데 해리가 관심을 두고 있는 역사 선생님에 대해 순수하게 관심을 가지고 물어보자 해리가 마음을 열고 자신이 좋아하는 역사 선생님 이야기를 하면서 조금씩 성장해가는 사춘기 소녀의 모습을 볼 수 있었어.

자신의 속마음을 이야기한다는 것은 자신의 이야기를 공감해 준다는 느낌이 들었을 때 가능하거든 그래서 해리와 오랜만에 절친으로 돌아온 기분이라서 참 좋았어.

해리를 수다쟁이로 만드는 건 의외로 간단했어. 해리가 뭘 좋아하는지 순수한 관심 두고 물어보면 돼. 단, 정말 반짝반짝하는 호기심 가득한 눈망울로. ㅋㅋㅋ

"책 제목만 봐서는 좀 엽기적인 것 같아."

"건아, 요즘 읽는 책이 뭐야?"

"얼마 전에 스미노 요루가 쓴 '너의 췌장을 먹고 싶어'라는 소설을 읽었어요."

"'너의 췌장을 먹고 싶어'가 영화로 나온 거 맞지?"

"네. 맞아요. 그런데 전 소설책으로 읽었는데 정말 감명 깊게 읽었어요."

"그래? 선생님은 영화 포스터만 봐서 잘 모르는데 재미있어?"

"네. 재미있게 읽었어요."

"책 제목만 봐서는 좀 엽기적인 것 같아."

"아니에요. 하루키와 사쿠라라는 학생들의 사랑이야기예요."

"그래? 그럼 선생님에게 스토리를 설명 좀 해줄래? 너무 궁금해."

"음……. 그러니까. 하루키와 사쿠라가 여행을 떠나기로 했는데 사쿠라가 죽었어요."

"아! 정말 안됐다. 그래서?"

건이와 오랜만에 만나서 같이 돼지갈비를 먹었어. 이제는 중학생이 되어서 키가 막 크기 시작하여 먹성이 참 좋아졌다는 것을 갈비 2인분을 혼자 해치우는 것을 보면서 느낄 수 있었어.

한달 만에 건을 만나는 거라 좀 서먹서먹한 느낌이 들어서 건이가 가장 좋아하는 일본 관련 캐릭터나 게임이라서 혹시 좋아하는 만화를 물어보았어. 나는 원피스 정말 재미있게 읽었거든. 그러자 의외로 일본작가 스미노 요루가 쓴 "너의 췌장을 먹고 싶어"라는 소설을 읽었는데 너무나 감명이 깊었다고 말하면서 눈이 반짝거렸어. 이때다 싶어서 "너의 췌장을 먹고 싶어는 영화로 나온 것 같은데?"라며 관심을 보였어.

건이는 평소에 무엇을 물어봐도 대답도 심드렁하게 하고 늘 어깨가 축 처져 있었어. 그런데 갑자기 한참을 말도 잘 안하고 고기만 열심히 먹다가 그 좋아하는 고기 먹는 것도 잠시 멈추고 사쿠라와 하루키의 사랑이 얼마나 아름답고 슬픈지에 대하여 둘이 여행을 떠나는 시점을 기준으로 내가 푹 빠져들 정도로 한참을 이야기해주었어.

지금까지 건이하고 만나서 가장 오랫동안 이야기한 것 같아. 그리고 이야기가 끝나고 나서도 내가 사쿠라가 췌장을 먹어달라고 하쿠키에게 부탁할 때가 가장 이상한 느낌이 들었다고 하자. 왜 그런지에 대하여 자세히 그 느낌들을 열심히 자기 생각을 더하여 이야기해 주었어.

전에 중학생이 읽어야 할 책 10권을 뽑아서 매달 1권씩을 읽고 나서 소감을 이야기 나눌 때는 따분해 죽겠다는 표정이었는데, 이번에 자신이 좋아하는 소설을 이야기할 때는 눈에 모든 감정을 담아서 슬프고 아름다운 소설이야기를 자신의 감성을 섞어서 잘 표현을 했어. 그리고 한참을 이야기에 빠져서 서로 이야기를 나누다가 집으로 돌아가기로 한 시간을 조금 넘겨서 헤어졌어.

건이와 오랜만에 서로 간에 나이 차이로 인하여 서먹서먹했는데 건이가 좋아하는 소설을 들으면서 같이 웃고 슬퍼하면서 많이 가까워진 것을 느낄 수 있었어.

그동안 건이에게 내가 읽어야 할 책을 시험공부처럼 강요하지 않았는지 하는 반성을 했어. 건이가 정말로 좋아하는 것이 무엇인지에 관하여 관심을 기울이지 않아서 건이와의 관계가 계속 서먹서먹한 느낌을 갖지 않았나 하는 반성을 했어.

건이가 사춘기 소년이 되어 요즘 좋아하는 소설을 같이 관심을 두고 좋아해 주자 건이가 마음을 열고 눈을 반짝반짝하며 이야기하는 모습을 보면서 상대방의 눈높이에서 관심을 두고 좋아하는 것을 바라봐야 한다는 것을 깨달았어.

생각 한번 해봐

1단계 요즘 관심사가 뭔지 알아?
2단계 좋아하는 아이돌 콘서트 같이 가줄 수 있어?
3단계: 옵치 #같이할 수 있어? #모르면 물어봐.

이렇게 한번 해봐

우리는 대부분 자신에 대해 가장 관심이 많아. 상대방과 만났을 때 우리는 상대방이 관심을 두고 있는 것을 그 사람의 취미나 직업을 통해서 손쉽게 알 수 있어. 우리는 상대방의 관심사에 대하여 어떻게 알 수 있을까?

첫 번째로 내가 좋아하는 것이 아니라 상대방이 좋아하는 것에 관해 이야기를 시작해 봐. 상대방이 좋아하고 관심 두고 있는 것에 대해 긍정적으로 받아들이고 진심으로 관심을 보인다면 상대방은 자신의 마음속 이야기를 시작할 거야.

두 번째로 가장 손쉽게 미리 알 수 있는 것은 SNS를 통해서야. 예를 들어 카카오 스토리, 페이스북, 인스타그램 등을 통해 무엇에 관심이 많은지 알수 있어. 상대방이 SNS에 올려놓은 좋아하는 책, 작가, 영화, 운동, 음악 등 취미와 기호를 미리 파악할 수 있어. 그러면 상대방과 다음에 만났을 때 깊이 있는 질문과 대화를 통해서 좀더 가까워질 수 있어.

마지막으로 상대방이 좋아하는 것의 장점에 집중하여 질문을 해봐. 그러면 상대방은 자신의 이야기를 신이나서 자세하게 이야기할거야. 그러면이 과정을 통해 상대방과 좀더 깊이 있는 관계를 만들 수 있어.

상대방의 좋아하는 것에 진심으로 마음을 열고 귀 기울여봐 그러면 좋은 친구가 될 수 있어.

우리가 회사에서 중요한 계약을 성공시키기 위해 고객을 대할 때 마음가짐으로 아이들에게도 한번 관심을 가지고 이야기해봐. 그러면 아이들과 정말 좋은 친구가 될 수 있어.

가장 좋아하는 선생님이 누군지 알아?

9.
진심으로 존중해 줘!

넬슨 만델라는 이렇게 말했다.
보라. 훌륭한 리더는 위험이 있을 때 앞장서지만,
축하할 일이 있을 때에는 뒷전에 선다.
주변 사람들의 협력을 원한다면
그들이 스스로 중요한 사람으로 느끼게 만들어라.
겸손하게 행하라.

상대방으로 하여금 중요하다는 느낌이 들게 하라

"앞에 앉아있는 사람이 나를 인정해주는 유일한 사람이라고 생각하고 말해봐!"

인간의 행동에는 대단히 중요한 법칙이 한 가지 있는데 이 법칙을 따르면 인간관계에 관한 거의 모든 문제를 피할 수 있어. 실제로 이 법칙을 지키기만 하면 많은 친구를 얻을 수 있고 행복을 오랫동안 누릴 수 있어. 그러나 이 법칙을 어기는 순간, 우리는 끝없는 문제에 빠지게 돼. 이 법칙은 다음과 같아.

"항상 다른 사람으로 하여금 자신이 중요하다는 느낌이 들게 하라."

사람들은 주위 사람들로부터 칭찬받고자 하며 자신의 진정한 가치를 인정받기를 원해. 자기 자신의 조그마한 세계에서 중요한 존재가 되고 싶거든. 그래서 사람들은 경박한 아첨은 듣고 싶지 않지만, 진심에서 우러나오는 칭찬을 열망해.

　사람들은 친구나 동료들이 찰스 슈왑의 말처럼 '진심으로 동의해주고 칭찬하는데 인색하지 않기'를 바라고 있어. 우리가 모두 그것을 원해. 그러니 이 황금률대로 우리가 남에게 대접받고 싶은 대로 남을 대접하면 돼.

"사람들에게 그 자신들에 관한 것을 이야기하라. 그러면 그들은 몇 시간이고 귀를 기울일 것이다."
　_디즈렐리

　카메라 필름을 발명하여 수억 달러의 재산을 모은, 코닥 필름으로 유명한 조지 이스트만이 음악학교와 킬보언 홀을 짓고 있을 때, 당시 뉴욕의 슈피리어 의자 회사 사장이던 제임스 아담슨은 이 건물에 필요한 의자를 납품하기 위해 건축가를 만났어. 건축가는 아담슨이 도착하자 이렇게 말했어.
　"당신이 이 주문을 따내기를 원한다면 조지 이스트만의 시간을 5분이상 빼앗지 않기를 바랍니다. 그분은 완고한 원칙주의자이며 항상 바쁜 사람입니다. 그러니 요점만 빨리 설명하고 나오는 것이 상책입니다."
　아담슨은 그대로 하기로 마음을 먹고 이스트 만의 사무실로 들어갔는데 그는 책상 위에 산더미처럼 쌓아 놓은 서류에 열중하고 있었어. 잠시 후 건축가와 아담슨에게 걸어오며 말했지.
　"안녕하십니까? 어떤 일로 오셨습니까?"
　건축가는 아담슨을 소개했고, 지체 없이 아담슨은 이렇게 말했어.
　"회장님을 기다리고 있는 동안 저는 회장님 사무실을 둘러보면서 감탄했습니다. 이런 방에서 일할 수 있으면 얼마나 좋을까 하는 생각이 절로 나는 군요. 저도 실내장식 가구 사업을 하고 있지만 이렇게 훌륭한 사무실은 생전 처음입니다."

그러자 조지 이스트만은 이렇게 말했어.

"당신이 내가 거의 잊고 있던 것을 상기시켜 주는군. 정말 아름다운 사무실이지요? 처음에 이곳을 지었을 때는 나도 매우 좋아했소. 하지만 요즘 워낙 일에 쫓기다 보니 어떤 때는 몇 주일이고 방 안을 둘러볼 틈이 없어졌소."

아담슨은 방 한쪽 구석으로 걸어가 손으로 벽의 판자를 문질러 보았어.

"이건 영국산 떡갈나무 아닙니까? 이태리산 떡갈나무와는 약간 결이 다르지요."

"그렇지."하고 이스트만이 대답했어.

"영국에서 수입해 왔는데 목재 전문가인 친구가 나를 위해 골라준 거요."

그리고 이스트만은 그를 방안으로 안내하면서 목재의 균형, 색채, 목각 그리고 자신이 직접 고안해 만든 것들을 설명해 주었어. 방안을 둘러보며 목제품을 감상하다 두 사람은 창문 앞에서 잠시 걸음을 멈추게 되었어.

그러자 이스트만은 조용하고 부드러운 목소리로 자신이 추진하고 있는 사회사업을 위한 갖가지 시설들, 로체스터 대학교, 종합병원, 아동병원, 양로원 등에 관해 설명하기 시작했어. 아담슨은 인간의 고통을 덜어주기 위해 큰돈을 쓰고 있는 이스트만의 이상주의적인 태도에 대해 진심으로 경의를 표했어. 그러자 이스트만은 유리 상자를 열고 그가 최초로 소유했던 카메라를 꺼냈어. 그것은 어떤 영국인으로부터 사들인 발명품이었거든.

아담슨은 이스트만에게 사업초기에 겪어야 했던 난관들에 대해 자세히 질문했어. 이스트만은 가난했던 어린 시절을 이야기하고, 보험회사의 직원으로 근무하는 동안 홀어머니가 어떻게 하숙집을 꾸려나갔는지 이야기했지.

가난에 대한 공포감이 그를 밤낮으로 괴롭혔기 때문에 이스트만은 어머니가 고생하지 않도록 돈을 벌기로 결심했어.

아담슨은 이스트만이 사진 건판을 가지고 실험하던 이야기를 하는 동안 더 많은 질문을 던져 대답을 이끌어 냈고, 그의 이야기를 열심히 경청했어. 이스트만은 낮에는 사무실에서 일하고 때때로 밤새 실험을 하며 화학약품이 작용할 동안 잠깐씩 눈을 붙였고, 어떤 때는 72시간동안 옷 입은 채로 일하며 잤다고 말했어. 제임스 아담슨은 이스트만의 사무실에 10시 15분에 들어갔는데, 5분이상 지체해서는 안 된다는 경고를 받았음에도 불구하고 한 시간이 지나고 두 시간이 지나도 그들은 계속 이야기를 나누고 있었어.

공사의 의자 대금은 9만 달러에 달했는데 누가 그 주문을 따냈을까?

이 일이 있고 난 뒤부터는 이스트만이 죽을 때까지 두 사람은 가까운 친구로 지냈어.

"성부와 성자와 성령의 이름으로 아멘!"

"오늘은 누가 기도 담당이지?"
"응. 아빠 오늘은 나야."
"그래? 오늘은 해리가 신부님 대신해서 설교하는 날이야?"
"응. 아빠. 그런데 기도순서 프린트해 놓은 거 있어?"
"당근 아빠가 가지고 있지. 아빠가 갖고 올게 먼저 엄마하고 식탁에 가 있어."
"오키도키."
"지난번 해리가 설교할 때 엄마하고 아빠가 너무 감동했거든. 정말 신부님께서 강론하시는 것 같았어. 그래서 아빤 오늘 해리 설교가 너무나 기대가 되는데^^*."
"응. 아빠 내가 열심히 준비했으니까 기대해도 돼 ㅎㅎㅎ."
"역시 우리 딸 최고야!"

우리 가족이 성당을 가지 못하면 다 같이 식탁에서 주일날 아침에 아내와 해리와 함께 셋이서 가족기도를 했어. 그래서 우리는 한 주에 한 번씩 차례를 정해서 서로 돌아가면서 신부님 대신 기도를 준비하기로 약속했어.

"성부와 성자와 성령의 이름으로 아멘!"하고 다같이 가족 미사를 보면서 해리가 하는 말에 따라 아내와 같이 기도를 마칠 때까지 함께 하면서 해리가 신부님과 같이 중요한 존재라는 것을 스스로 느낄 수 있도록 모든 언행을 포함하여 행동까지 어른으로서 존중해주었어.

처음에는 신부님을 대신하여 가족미사 때 설교를 하는 것을 어색해했지만, 아내와 같이 해리가 성경구절을 자기 생각으로 해석해서 들려줄 때마다 진지하게 경청하고 의견을 존중해주고 칭찬을 해 주었어.

그 후로 해리는 기도시간에 언제나 자신이 먼저 성경구절을 읽고 느낀점을 자신 있게 말하게 되었어. 또한 신부님과 같은 책임감을 느끼고 가족 기도를 주관하고 마칠 때까지 최선을 다하는 모습을 보여 주었어. 때로는 중학생답지 않게 깊은 생각을 가지고 하느님의 말씀을 정말 감동적으로 전해줘서 아내와 나의 심금을 울린 경우도 많았어.

그리고 매일 식사할 때와 가족모임에서도 해리가 항상 기도를 주관하게 해서, 자신이 존중받는 중요한 사람이라는 것을 스스로 느끼도록 해주었어.

아내와 나는 해리가 말할 때 어리다고 무시하지 않고 항상 같은 성인으로서 의견을 존중해주자, 조금씩 자신이 중요한 사람이라고 느끼며어른같이 생각하고 행동하기 시작했어. 그리고 해리가 친구들과 싸웠을 때 언니의 입장에서 친구들을 이해하고 포용하는 모습을옆에서 지켜보면서 해리가리더로서 조금씩 성장해가고있다는 것을느낄 수 있었어.

"저는 태권도를 어릴 때부터 해서 괜찮아요."

"건아, 이제 건이가 중학생이 되었으니까 남자로서 운동하는 게 어때?"

"저는 태권도를 어릴 때부터 해서 괜찮아요."

"건이는 정말 운동을 열심히 했구나. 그럼 팔도 튼튼하겠네! 선생님이 알통 한번 만져봐도 돼?"

"네."

"어? 그런데 알통이 없는데? 건아, 선생님하고 팔씨름 한번 해볼래?"

"좋아요."

"뭐야? 왜 이렇게 힘이 없어? 건아, 팔 힘을 한번 길러볼래?"

"음……. 네."

"그럼, 우선 일주일 동안 매일 아침저녁으로 10개씩 팔굽혀펴기를 해 보자. 괜찮지?"

"네. 좋아요."

"그래, 건이는 태권도를 오랫동안 해서 운동신경이 좋으니까 팔 근육을 금방 기를 수 있을 거야. 그럼, 선생님에게 매일 끝나고 카톡으로 '팔굽혀펴기 완료'하고 보내는 거야. 어때?"

"네. 제가 카톡으로 매일 보내드리면 되죠?"

"오케이. 건이는 한번 한다면 해내는 사나이니까 잘할거야. 선생님하고 파이팅하자."

"파이팅!"

건이는 처음에 사람들을 만나는 것을 극도로 꺼려서 이야기하기가 쉽지 않았어. 자신감이 없었고 당연히 대화 자체가 불가능했지. 그래서 건이에게 자신감을 키워주기 위해서 내가 질문하는 것에 대하여 대답을 하지 않아도 야단치지 않고 대답을 할 때까지 한참을 기다려주고 미소를 지으면서 조금씩 마음의 문을 열려고 노력했어.

그리고 한참이 지난 후에 건이에게 집에서 건이가 할머니 어머니 그리고 여동생하고 지내면서 이제는 건이가 조금씩 남자로서 약한 여자들을 지켜줄 수 있을 만큼 체력을 기르는 것이 어떤지를 물어보았어. 그러자 자신이 태권도 유단자라고 자랑을 해서 건이가 그동안 태권도를 통해 열심히 체력 단련을 잘했다고 칭찬해주었어.

그리고 선생님이 건이와 같이 농구 시합을 같이하면서 얼마나 즐거운지 또한 나에게 건이와 함께 보내는 이 시간이 선생님에게 얼마나 기쁜지 웃으면서 말해 주었어. 그러자 건이가 처음에 수동적으로 운동을 마지못해서 하는 시늉을 하다가 점차 내가 건이를 특별하게 생각해 준다는 것을 느끼고 나서는 자주 웃으면서 곁을 내주기 시작했어.

그리고 점차 눈을 맞추고 서로 웃기도 하면서 건이가 대답을 한참을 못하고 있어도 다그치지 않고 기다려주고 건이의 의견을 존중해주었어. 그러자 점차 내가 묻는 것에 대하여 조금씩 눈을 맞추고 자신감 있게 대답하기 시작했어.

상대방에게 순수한 관심을 가지고 상대방이 좋아하는 것을 공감하고 상대방의 의견을 존중해주면상대방이 중요한 사람으로 느끼고 그렇게 행동하려고 노력한다는 것을 건이를 통해 알 수 있었어.

생각 한번 해봐

1단계 항상 의견을 존중해 줘?
2단계 시험을 못 봐서 속상할 때 같이 속상해하고 위로해 줘?
3단계 말대꾸때 화내지 않고 다정하게 이야기해 줘?

이렇게 한번 해봐

미국 시인 에머슨은 "내가 만난 모든 사람은 어떤 면에서든 나보다 뛰어나다. 왜냐하면 상대방에게 배울 점이 있기 때문이다."라고 고백했어. 이 원칙은 성실한 태도가 중요해. 그렇지 않으면 상대방은 기만 당하고 있다고 느낄 수 있기 때문이야.

이 원칙의 핵심은 상대방에게 존경을 표시하고, 상호 존중하는 거야. 사람은 존중받을 때 긍정적으로 반응하거든. 따라서 다음과 같은 방법으로 상대방이 중요하다고 느끼도록 할 수 있어.

우리는 이미 앞에서 어떻게 상대방으로 하여금 중요하다는 느낌을 들게하는지 배웠어. 비난하지 않고, 솔직하고 진지하게 칭찬해주고, 열렬한 욕구를 불러일으키고, 순수한 관심을 기울이고, 미소를 짓고, 이름을 불러주고, 경청하고,상대방의 관심사에 관해 이야기하는 것을 실천한다면 상대방으로 하여금 중요하다는 느낌이 들게 할 수 있어.

우리들이 매일 만나는 사람들이 진짜 소중한 사람들이라고 생각해. 그래서 내 주위에 사람들에게 제일 먼저 다가서 실천할 수 있다면 사회에서 만나는 사람들에게도 쉽게 적용할 수가 있을 거야.

조그만 친절에도 진심으로 상대방에게 감사하는 마음을 표현해봐. 그러면 상대방에게 존중받는다고 느끼게 할 수 있어.

아이들에게 사소한 것에 대해 고맙다고 이야기해주고 진심으로 칭찬해줘. 그러면 이 세상에서 가장 소중한 친구가 생길 거야♡

모든 것을 다 잘하려고 하면 부담이되고 힘이 들거야. 하루에 한가지 인간관계 원칙을 아이들에게 실천해 보겠다고 생각하고 행동으로 옮겨봐. 매일 아침에 일어나서 '오늘은 불평하지 말아야지.' 하고 결심을 하고 종일 불평을 하지 않도록 노력을 해봐. 그리고 불평이 자연스럽게 멈추고 나면 다음으로 아이들을 볼 때마다 웃음을 지으려고 노력해 봐. 아무리 화가 나도 무서운 얼굴을 하지 않고 웃으면서 이야기할 수 있도록 노력해봐. 이제 불평도 멈추고 미소를 지으며 이야기할 수 있다면 다음 날에는 아이들이 무슨 말을 하는지 공감하기 위해 내 생각을 멈추고 잘 들어 보려고 종일 '경청'을 실천해봐.

이렇게 한 번에 한 가지씩 인간관계 원칙들을 자신의 것으로 만들어 가기 위해 노력한다면 아이들이 진심으로 부모로부터 존중받고 있다고 느낄 수 있을거야.

어렵지 않아. 그냥 하루에 한 가지만 실천하면 돼^^

맺음말

"남에게 대접받고자 하는 대로 남을 대접하라."
- 황금률

내가 존중받고 싶으면 상대방을 먼저 존중해야 하듯이, 우리가 먼저 상대방을 친절하게 대할 때 상대방도 우리에게 친절히 대해.

교육의 진짜 목적은 행동하게 만드는 것이라고 한 것과 같이 우리들은 이미 어떻게 인간관계를 해야 한다는 것을 너무나도 잘 알고 있어. 단지 실행을 하고 있지 않을 뿐이지. 그래서 앞에서 언급한 '자기개발 사이클'을 항상 기억하고 하루에 한 가지 원칙을 꼭 실천하려고 노력해봐.

그럼, 어느 순간 나 스스로가 변화되고 있는 것을 느낄 수 있을 거야. 그리고 내가 변화된 후에 주위를 둘러보면 정말 괜찮은 사람들이 내 주위에 모여 있다는 것을 느낄 거야. 한가지 확실한 것은 "좋은 사람을 만나고 싶으면 내가 먼저 좋은 사람이 되어야 한다."라는 거야.

내가 데일 카네기 코스를 접하기 전에는 용기 있게 해달라고 하느님께 빌었는데 아이러니하게도 카네기 코스를 통해 용기를 내어 도전하자 어느덧 하느님께서 용기 있는 나와 함께하시는 것을 느낄 수 있었어. 용기를 내봐. 너도 할 수 있어. 내가 항상 응원할게^^*.

그리고 사랑하는 가족들, 친구들, 동료들, 이웃 주민들의 인생을 바꾸어 놓을 수 있는 것은 따뜻한 미소와 진심 어린 칭찬 한마디면 충분해. 우리가 매일 만나는 사람들에게 전하는 미소와 칭찬 한마디가 상대방의 미래를 바꿀 수 있다는 것을 꼭 기억하고 주위 사람들에게 미소를 짓는 것부터 한번 시작해 봐. 그럼 주위 사람들과 즐겁고 행복한 하루를 시작할 수 있을 거야.

나 자신부터 변화되려고 노력해봐 그럼 내 주위 사람들이 좋은 사람들로 변화가 일어나는 기적을 경험할수 있어!

어렵지 않아. 데일 카네기 원칙을 하루에 하나씩만 주위 사람들에게 지금 당장 시작해봐.

하루하루 연습이 쌓여서 자신감을 만들어 간다는 것을 꼭 기억해!

가장 간단한 방법은 데일 카네기 코스를 통해서 훌륭하신 강사님들과 열정이 넘치는 코치님들과 같이 우리 인생의 멋진 변화를 다 함께 직접 경험하는 거야^^*.

"이 책의 목적은 새로운 것을 가르치려는 것이 아니다. 다만 이미 알고 있는 사실을 일깨워서, 그것을 적용하도록 고무하고 격려하려는 것이다."

– 데일 카네기

울화통은 터지지만 예쁜 걸 어떡해

초판 1쇄 발행 | 2020년 1월 20일

지은이 | 유철호
펴낸이 | 공상숙
펴낸곳 | 마음세상

주 소 | 경기도 파주시 한빛로 70 515-501

신고번호 | 제406-2011-000024호
신고일자 | 2011년 3월 7일

ISBN | 979-11-5636-380-4 (03590)

원고투고 | maumsesang@nate.com

* 값 13,200원

* 이 책은 저작권법에 따라 보호 받는 저작물이므로 무단 전재와 복제를 금지합니다. 이 책의 내용 전부나 일부를 이용하려면 반드시 저자와 마음세상의 서면 동의를 받아야 합니다.
* 마음세상은 삶의 감동을 이끌어내는 진솔한 책을 발간하고 있습니다. 참신한 원고가 준비되셨다면 망설이지 마시고 연락주세요.

이 도서의 국립중앙도서관 출판예정도서목록(CIP)은 서지정보유통지원시스템 홈페이지(http://seoji.nl.go.kr)와 국가자료종합목록 구축시스템(http://kolis-net.nl.go.kr)에서 이용하실 수 있습니다. (CIP제어번호 : CIP2019052818)